Segunda edición, 2010

Biblioteca PHotoBolsillo

Humberto Rivas

PHotoBolsillo LA FABRICA EDITORIAL

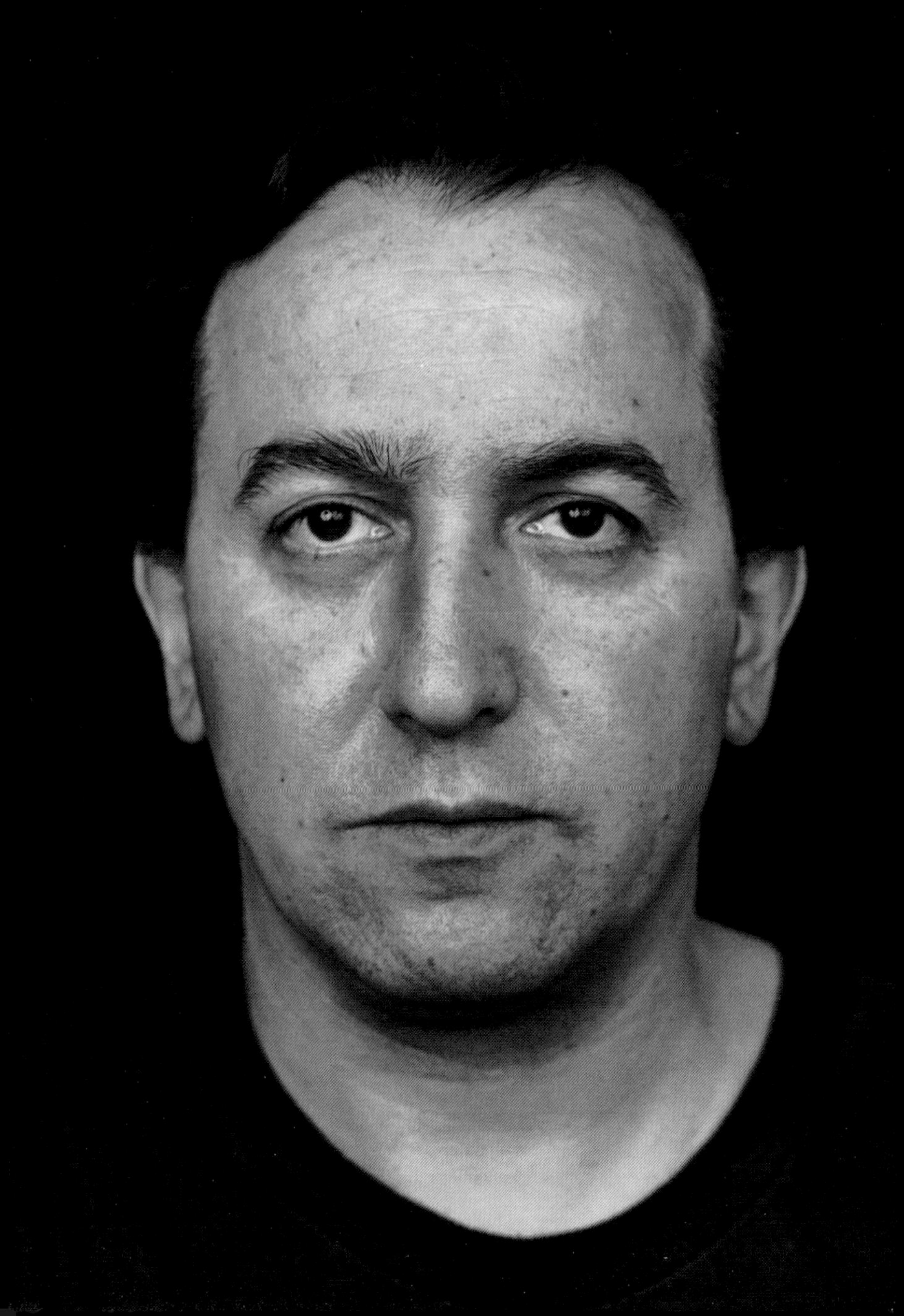

Humberto Rivas
La desnudez original
Por Marta Gili

«Cuando la mujer vio que el árbol era bueno para comer, y que era agradable a los ojos, y que el árbol era deseable para alcanzar sabiduría, tomó de su fruto y comió; y dio también a su marido que estaba con ella, y él comió. Entonces fueron abiertos los ojos de ambos, y conocieron que estaban desnudos; y cosieron hojas de higuera y se hicieron delantales.» (Génesis 3, 6-7)

Tal vez esta historia sea la más bella y poética que jamás se haya escrito sobre el origen del conocimiento. Sin entrar en cuestiones de credo religioso, siempre me pareció conmovedor que Adán y Eva se avergonzaran más por su desnudez que por haber desacatado la prohibición divina. Como el adolescente, el día que descubre con turbación que su cuerpo ya no es el mismo que engendró su madre y lo esconde celosamente de su mirada, así Adán y Eva inauguraron, en esta historia, la era de la consciencia.

Escribía Paul Valéry que «los hombres se distinguen por lo que muestran y se parecen por lo que ocultan». La mayor parte de nuestra existencia la consagramos a forjar un tipo de máscara propia y exclusiva, con el propósito de ocultar esa desnudez primigenia que nos hermana y que nos recuerda que no somos seres eternos.

Con este nuevo artilugio, la fotografía, clasificamos, archivamos y registramos todo el mundo, desafiando las nociones de distancia y espacio. Y así, sin darnos cuenta, trasladamos al papel fotográfico nuestros recuerdos y nuestra memoria. Y no es necesario experimentar para ver, ni observar para saber. Esta vez nos postramos nuevamente ante esa atávica contemplación estética del mundo, y creemos a pies juntillas que aquello que muestra la fotografía es la realidad. Sin embargo, hay otro tipo de imágenes que turban y desconciertan por su gran carga de ambigüedad. Son fotografías que atrapan la mirada, que la secuestran sin compasión, que no apelan a la memoria, ni al registro; que no dan respuestas, sino que interrogan. Y las imágenes de Humberto Rivas pertenecen a esta última categoría.

Para mí, todas las fotografías de Humberto Rivas son «desnudos». No importa si lo que la fotografía representa es una calle, un rostro o un paisaje. Todas son en realidad una misma imagen, sobria y penetrante. Lo único que cambia en ellas es la apariencia de lo fotografiado, pero se mantiene lo oculto, el ser original desprovisto de forma y vanidad.

Humberto Rivas retrata, precisamente porque el retrato pone en relación dos individualidades en una misma intimidad. Los edificios, las calles o las paredes que fotografía Humberto muestran su vida quieta. Son soledades que acompañan al fotógrafo, del mismo modo que los retratos de María, Lucía o Violeta La Burra. En ellas lo animado y lo inanimado se hermanan de nuevo en ese abrazo arquetípico, cuya existencia intuimos muchos en el principio de las cosas. Nuestra frenética obsesión por definir la «esencia» o la «naturaleza» de lo humano y por erigirnos en los seres superiores del universo rompió para siempre este hechizo amoroso.

Alguien dijo que la fotografía no puede traspasar la superficie de la piel y que precisamente en ello radica su grandeza. Y puede que así sea. De todos modos, no siempre la verdad puede mostrarse tal cual es. Hay que sugerirla, realizar un gesto simple que la insinúe. Es ésta la estrategia mediante la cual Humberto Rivas nos descubre su secreto peor guardado. Con un leve gesto, con una presencia sutil, Humberto Rivas se presenta también a sí mismo a través de sus imágenes. Él es todo a la vez, una cara misteriosa, un rincón solitario o un mar embravecido.

Muchas veces me imagino a Humberto fotografiando el amanecer. Cuando las cosas todavía no se han vestido para presentarse al mundo, y el sueño hace más fácil atravesar los muros de nuestra piel. Entonces, entre dos luces, me figuro a Humberto respirando profundamente y descubriendo que él no es otra cosa que «un sueño dentro de otro» -como diría E. A. Poe-, y que, de tanto buscar el alma ajena, encontró la suya propia.

Cuando Humberto Rivas llegó a Barcelona en 1976, dejando atrás (pero jamás olvidando) su Buenos Aires natal, ya era un fotógrafo reconocido en su país. Con esa discreción personal que le caracteriza, pronto se convirtió en un punto de referencia indiscutible también para la fotografía española. Paciente y entrañable, muchos de los fotógrafos de las jóvenes generaciones han encontrado en él a un gran maestro y consejero.

Su coherencia a la hora de promulgar una determinada manera de entender la fotografía no se debilitó,

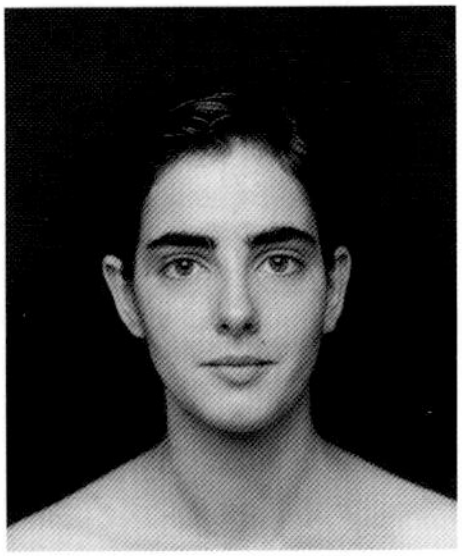
Cristina. 1994

incluso en un país como España donde tardaba mucho en verse legitimada artísticamente. Pero su tenacidad y constancia dieron sus frutos, y 1997 fue especialmente alentador. Recibió ese mismo año dos premios emblemáticos: el Premio de Artes Plásticas de la Ciudad de Barcelona y el Premio Nacional de Fotografía.

No dejarse llevar por la corriente es, a todas luces, una de sus grandes virtudes. Como en el famoso cuento de Hans Christian Andersen, *El traje nuevo del emperador*. Se trata de la historia de un vanidoso emperador cuya única preocupación era mostrarse elegante y refinado ante su pueblo. Un día dos tunantes se presentaron en la corte y le juraron que ellos eran capaces de confeccionarle el traje más bello y singular que jamás hubiera existido. La peculiaridad de este traje, decían los supuestos sastres, era que los estúpidos o incompetentes no podían verlo. Una vez lista la vestimenta, el emperador se paseó por su reino convencido de que, aunque él fuera incapaz de verlo, sus súbditos admirarían su elegancia. Ningún ministro de su corte se atrevió a reconocer que no veía el color ni la hechura de tan magna indumentaria, por miedo a parecer insensatos a los ojos de todos. Finalmente, un niño que pasaba por allí y que todavía no entendía la doblez de los adultos, exclamó a voz en grito: «¡El emperador está desnudo!».

Sólo una mirada honesta como la de Humberto Rivas puede advertirnos, como el niño del cuento de Andersen, que las cosas no son lo que parecen y que las numerosas estrategias de camuflaje que nos forjamos ante la vida nos alejan más aún de nosotros mismos y del resto del universo. Ante estas imágenes uno tiene que deshacerse de la consciencia por un momento y procurar aproximarse lo más posible al fundamento de la vida, a la desnudez original. Y, aunque sólo sea por unos instantes, actuar con el corazón. Porque, como escribía otra vez Pessoa, «el corazón, si pudiese pensar, se pararía».

Barcelona, 1998

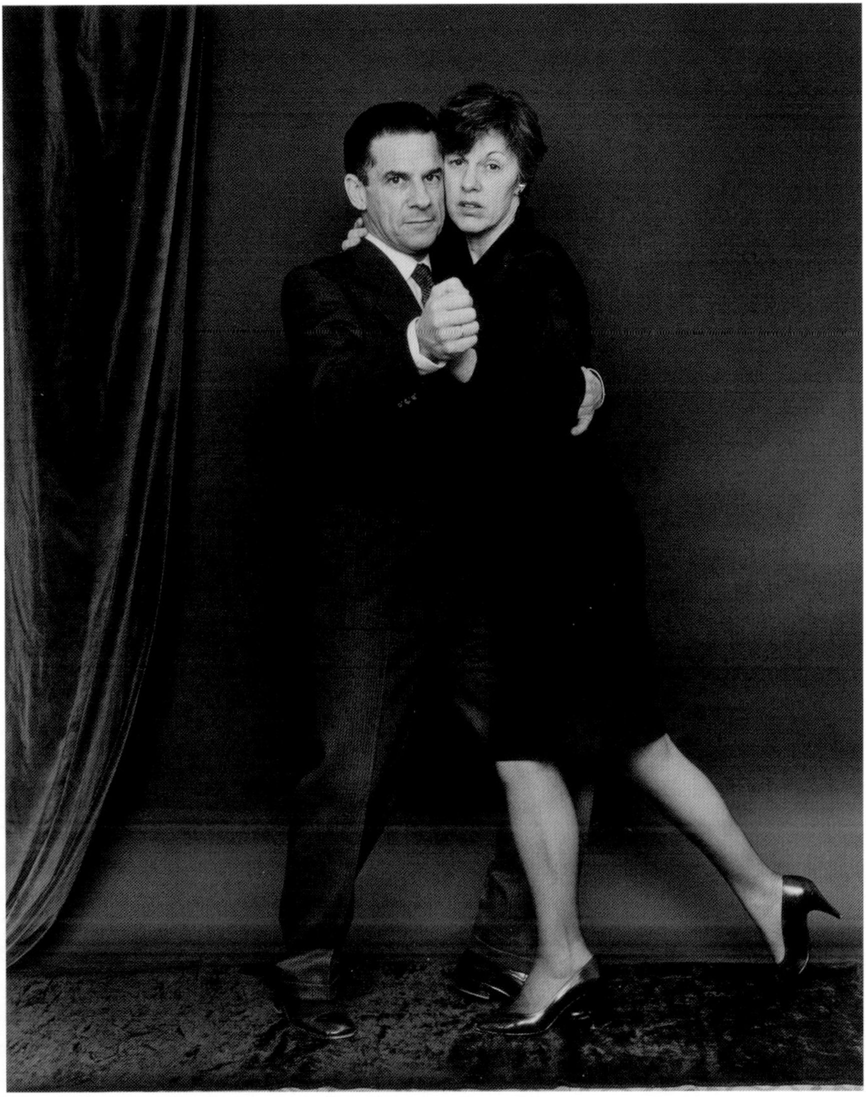

01. Roberto y Loredana. 1988

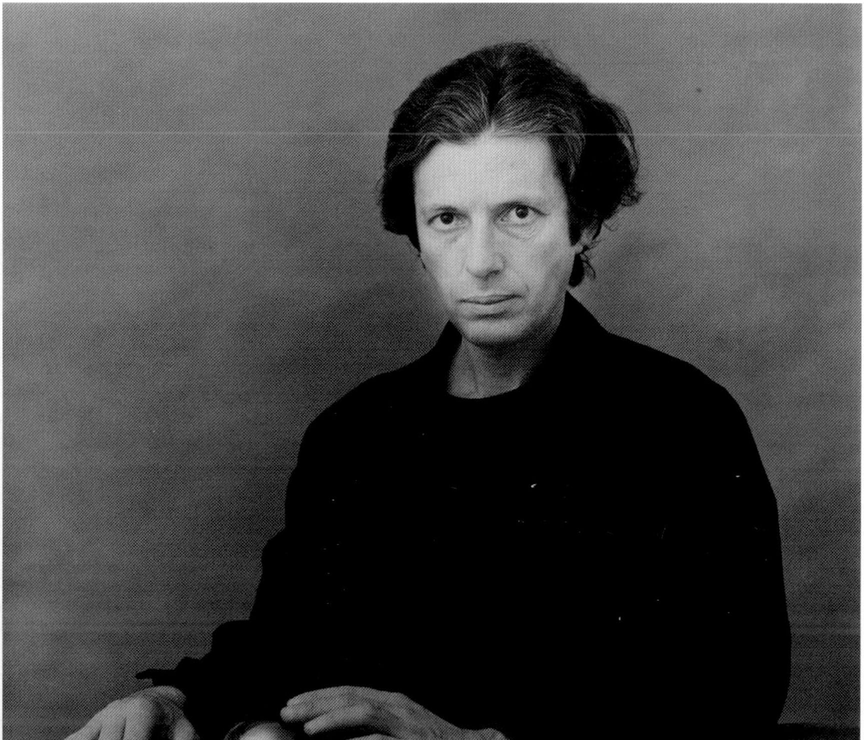

02. Roberto Aizemberg. 1975

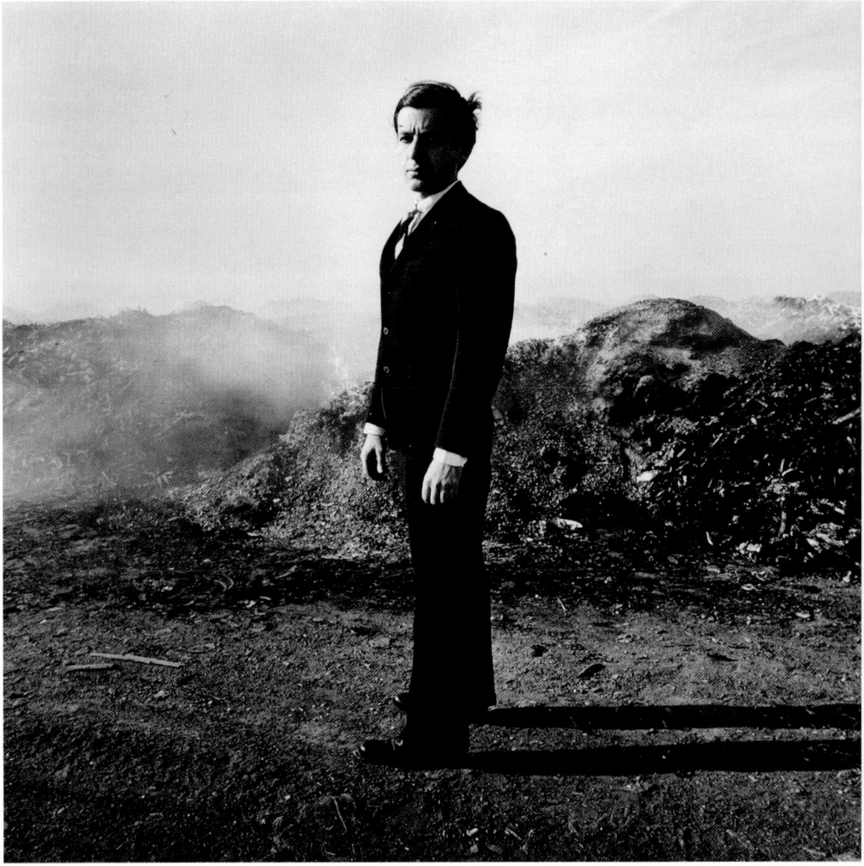

03. Roberto. 1968

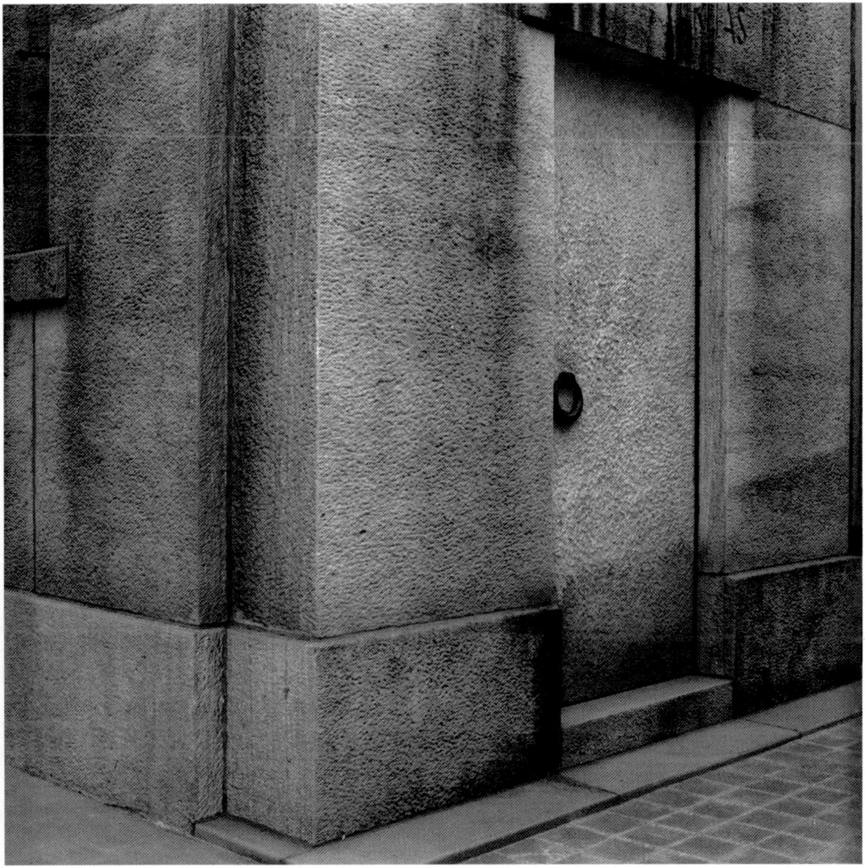

04. 1996

05. 1980-1981

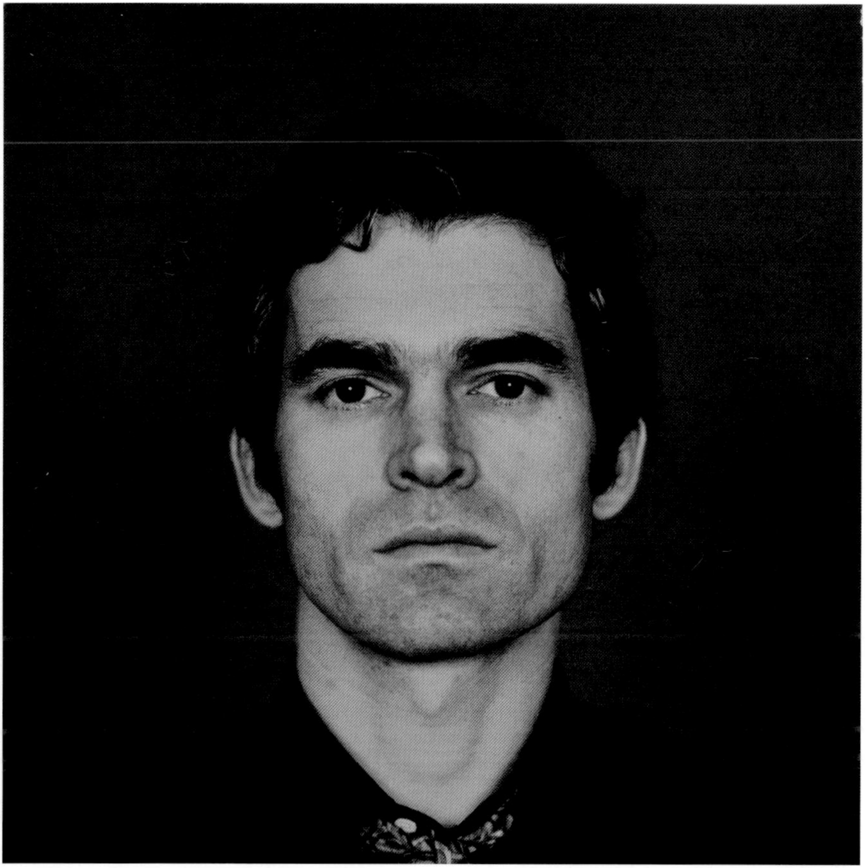

06. Rubén. 1967

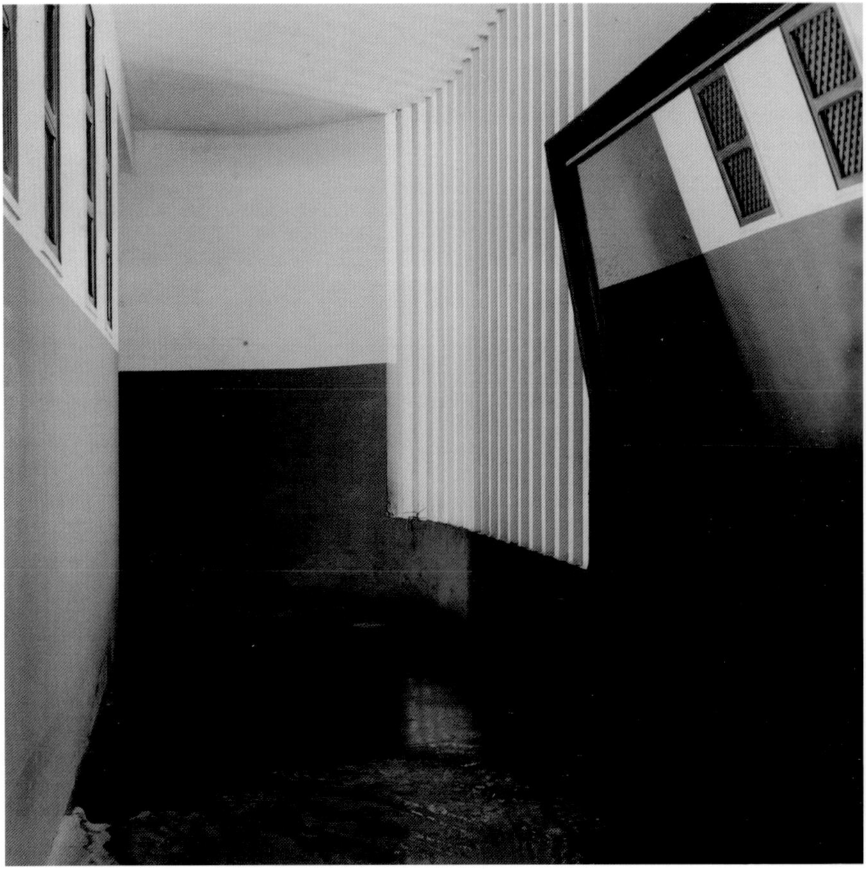

07. 1979

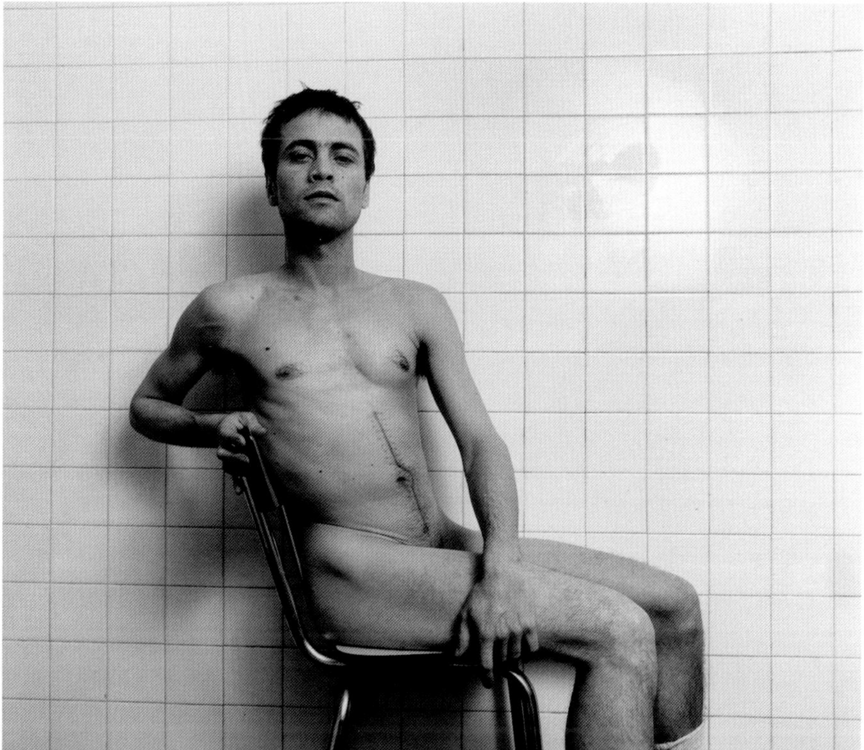

08. Marcial. 1979

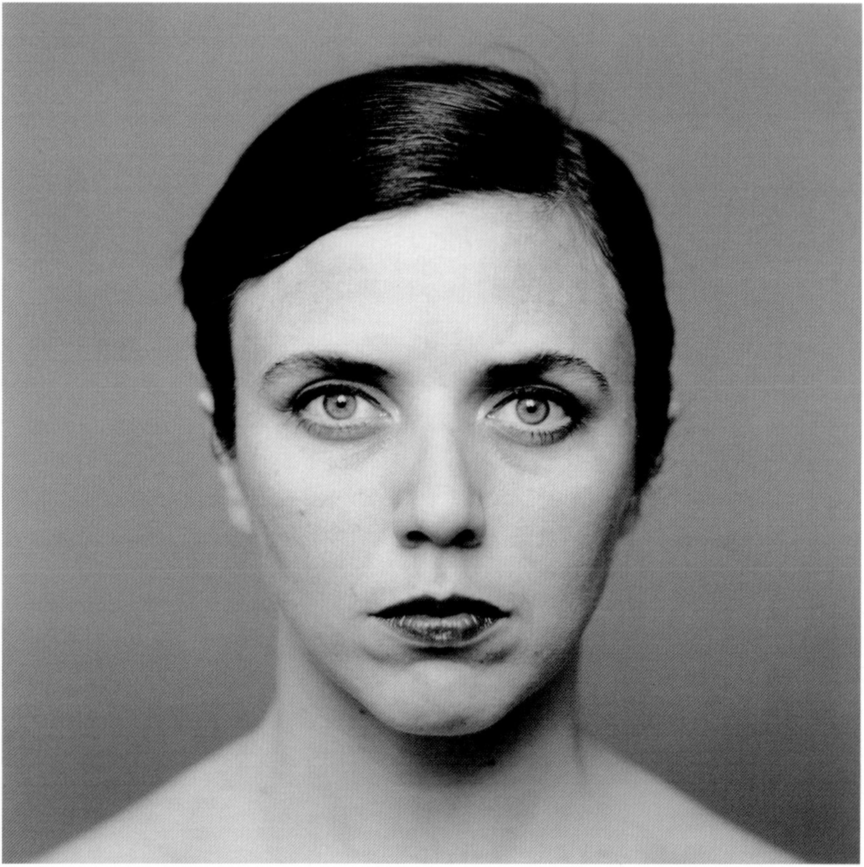

09. María. 1979

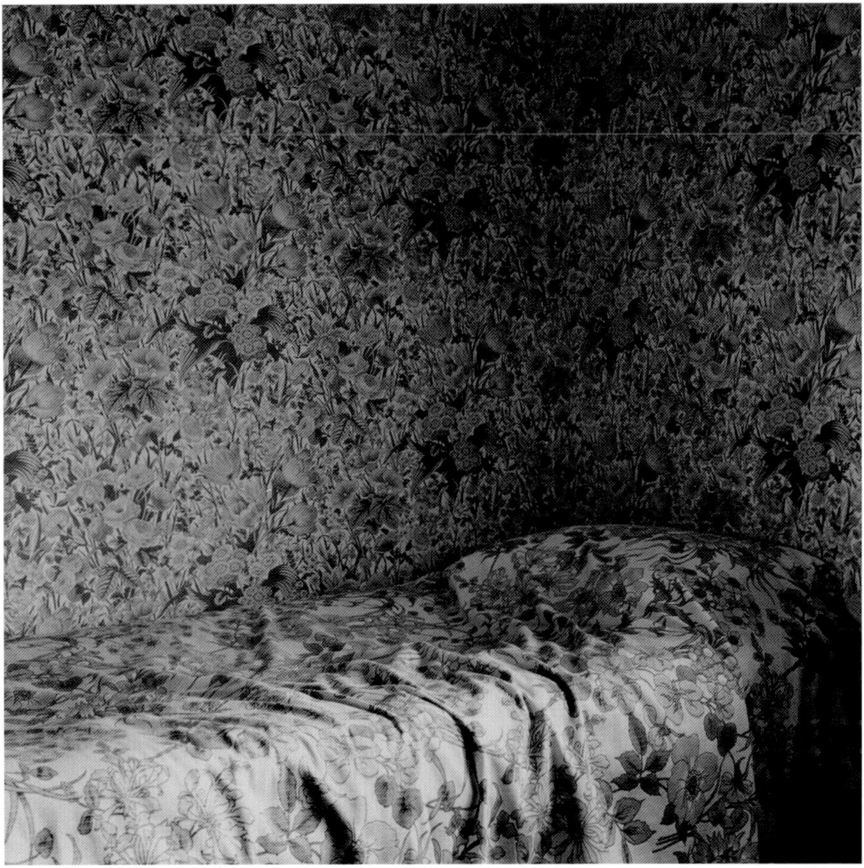

10. Londres. 1978

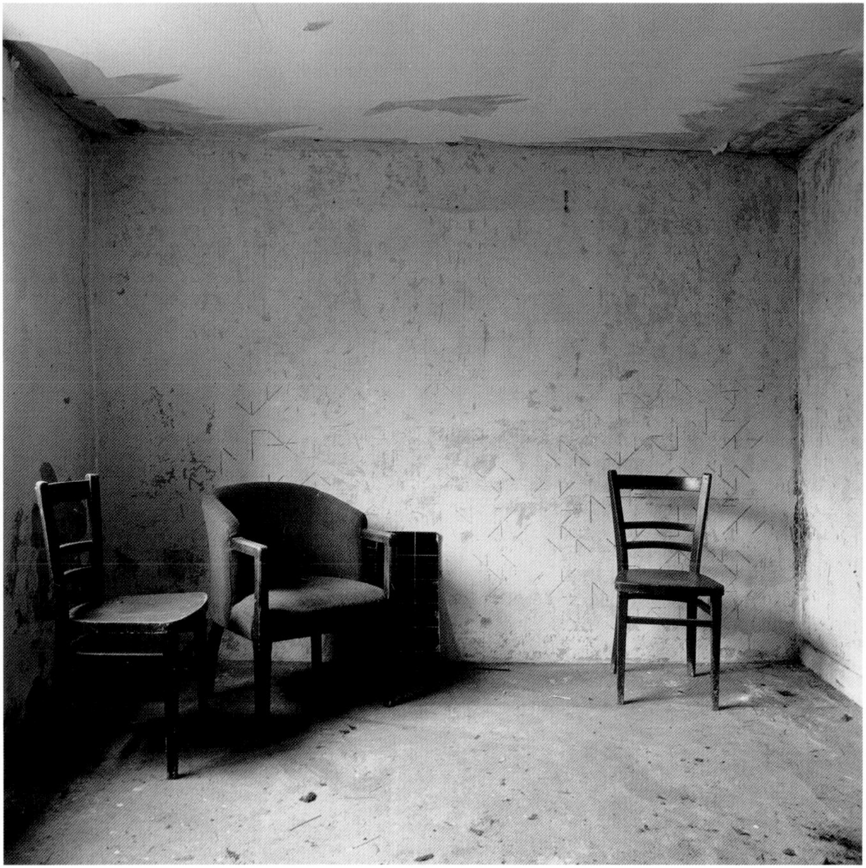

11. Londres. 1978

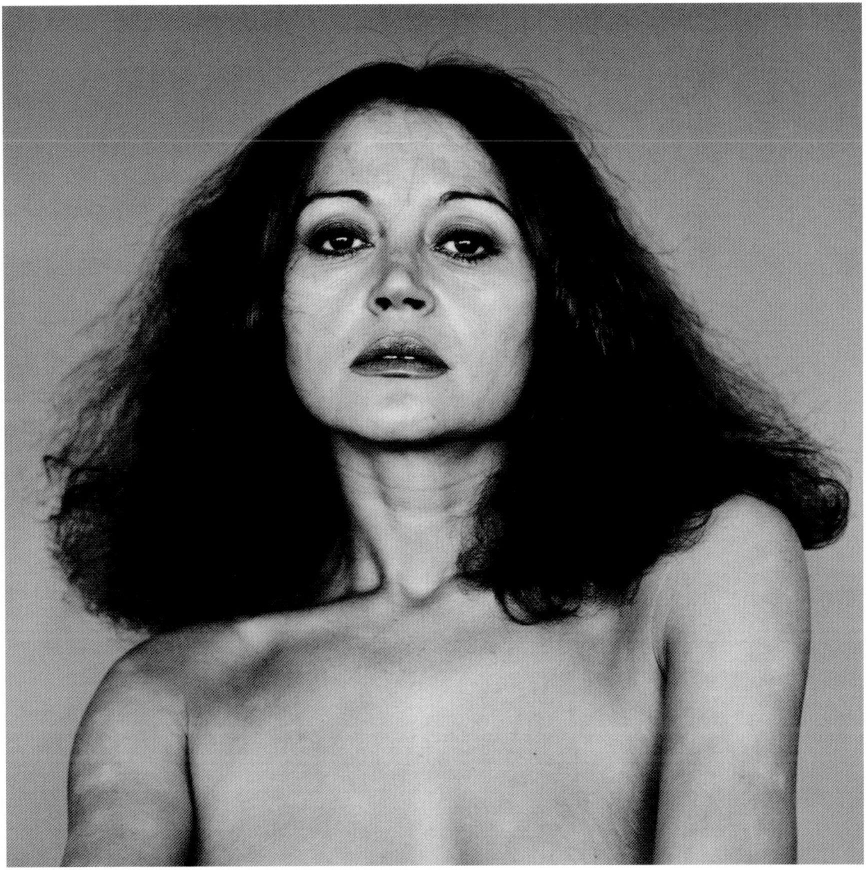

12. Lourdes. 1980

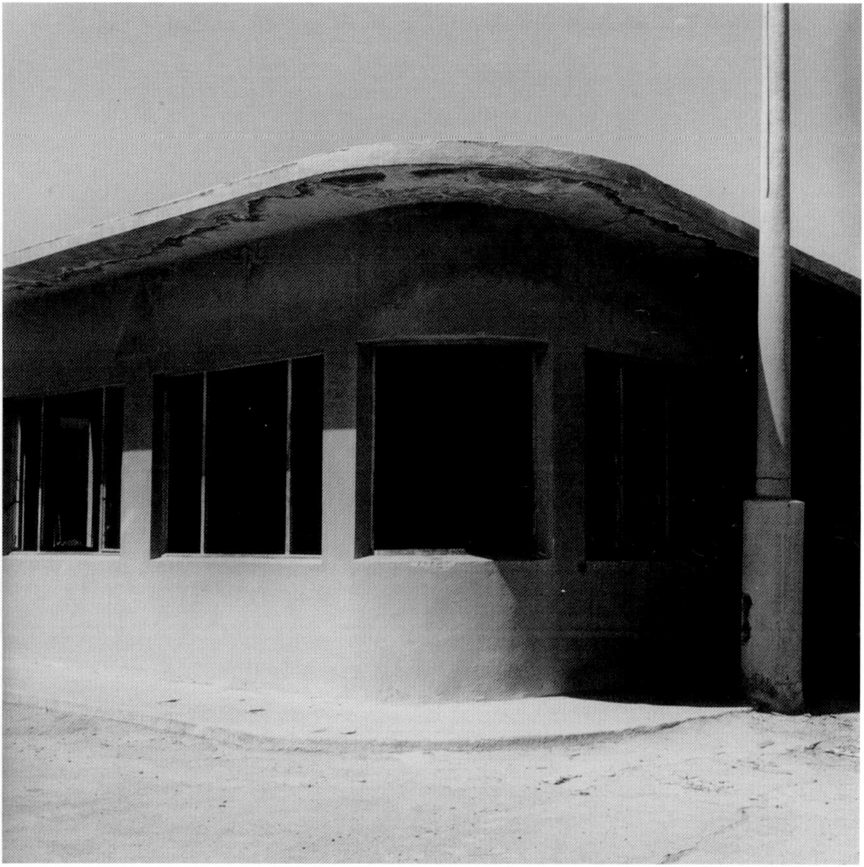

13. 1979

14. Barcelona. 1979

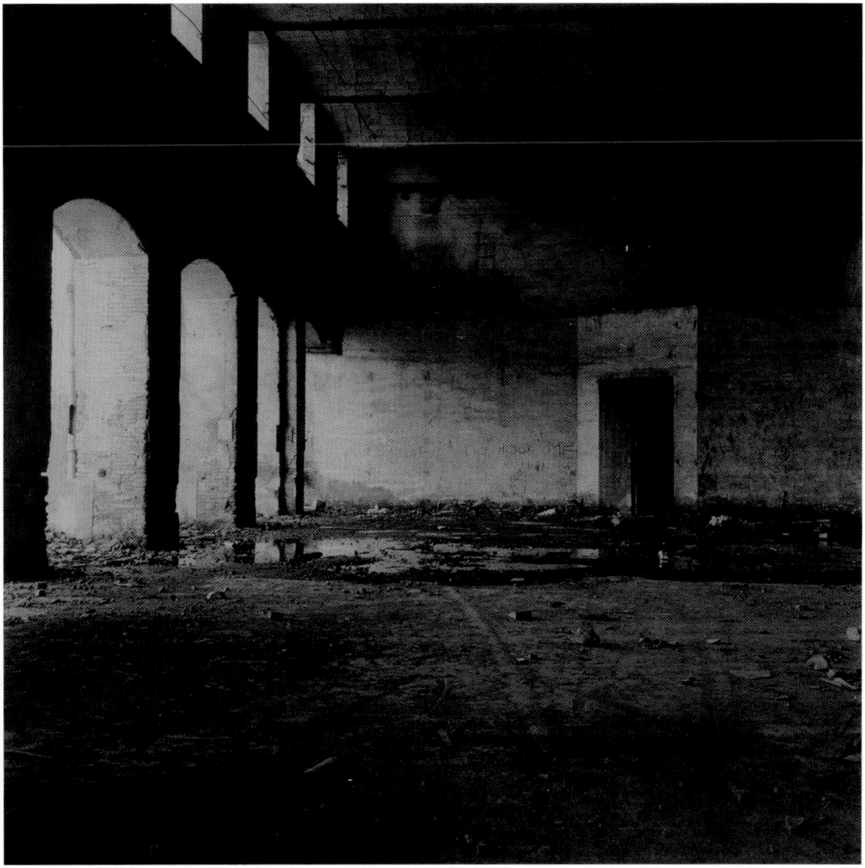

15. 1980

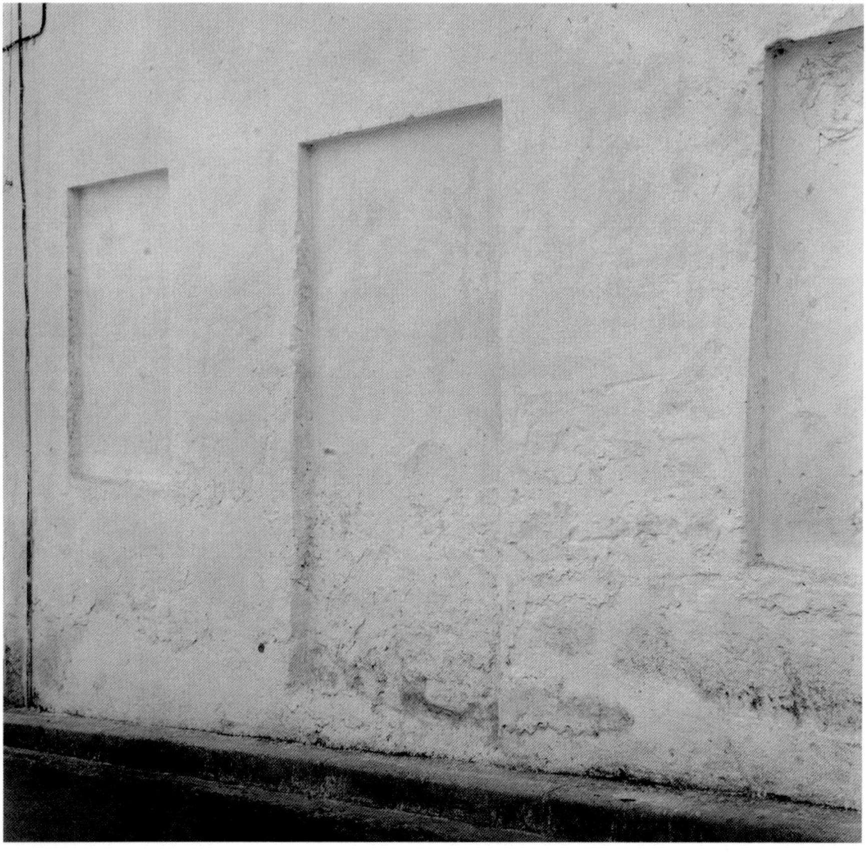

16. 1979

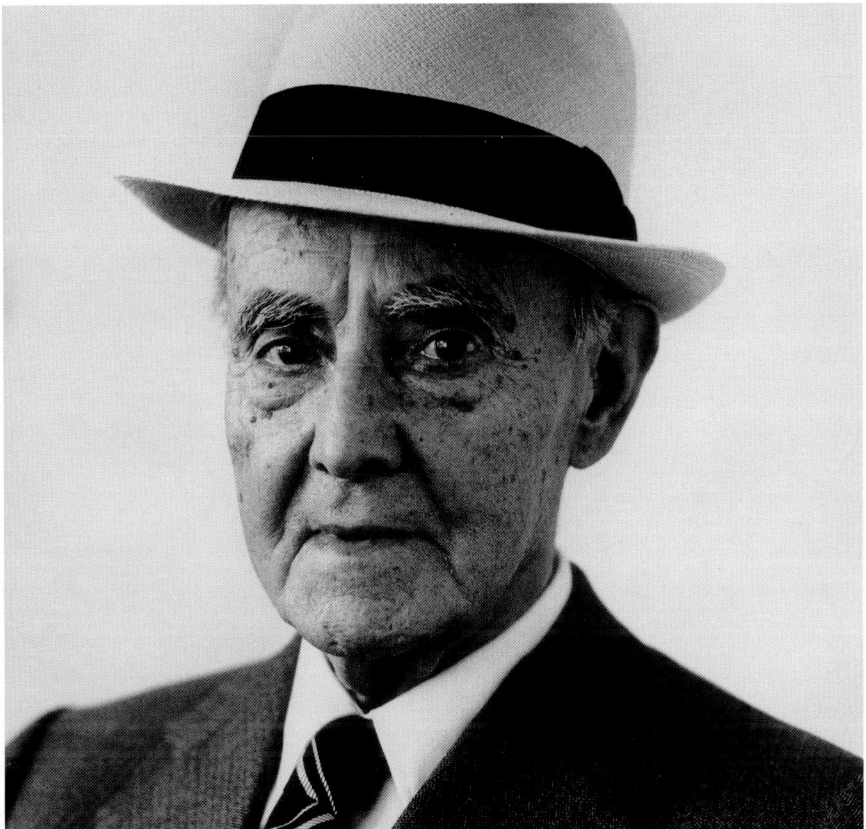

17. J. V. Foix

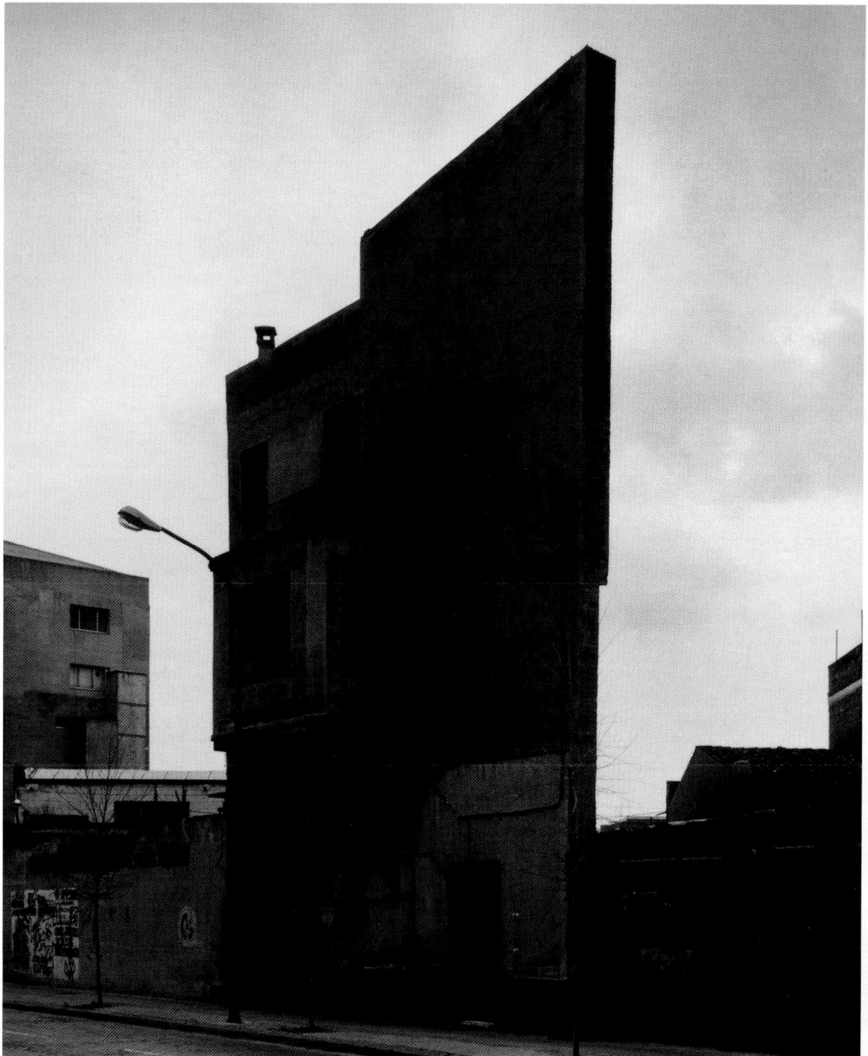

18. Barcelona. 1982

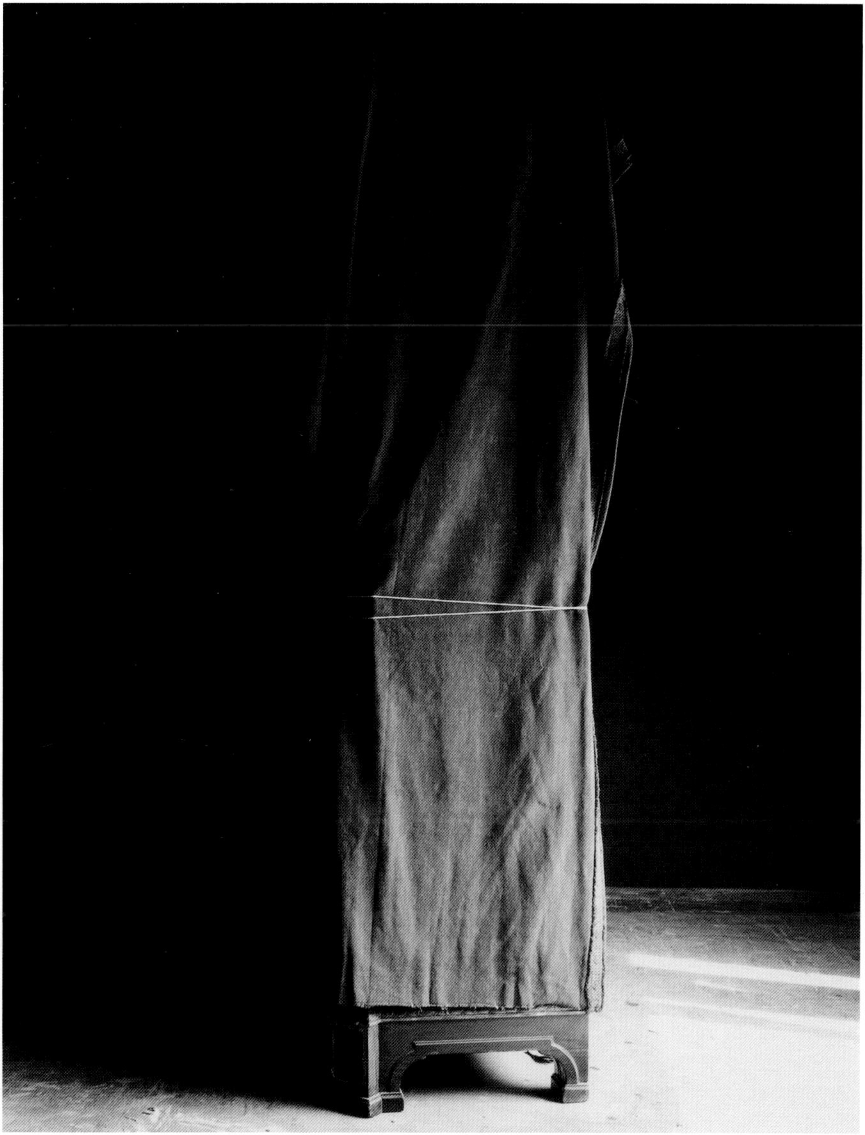

19. 1981

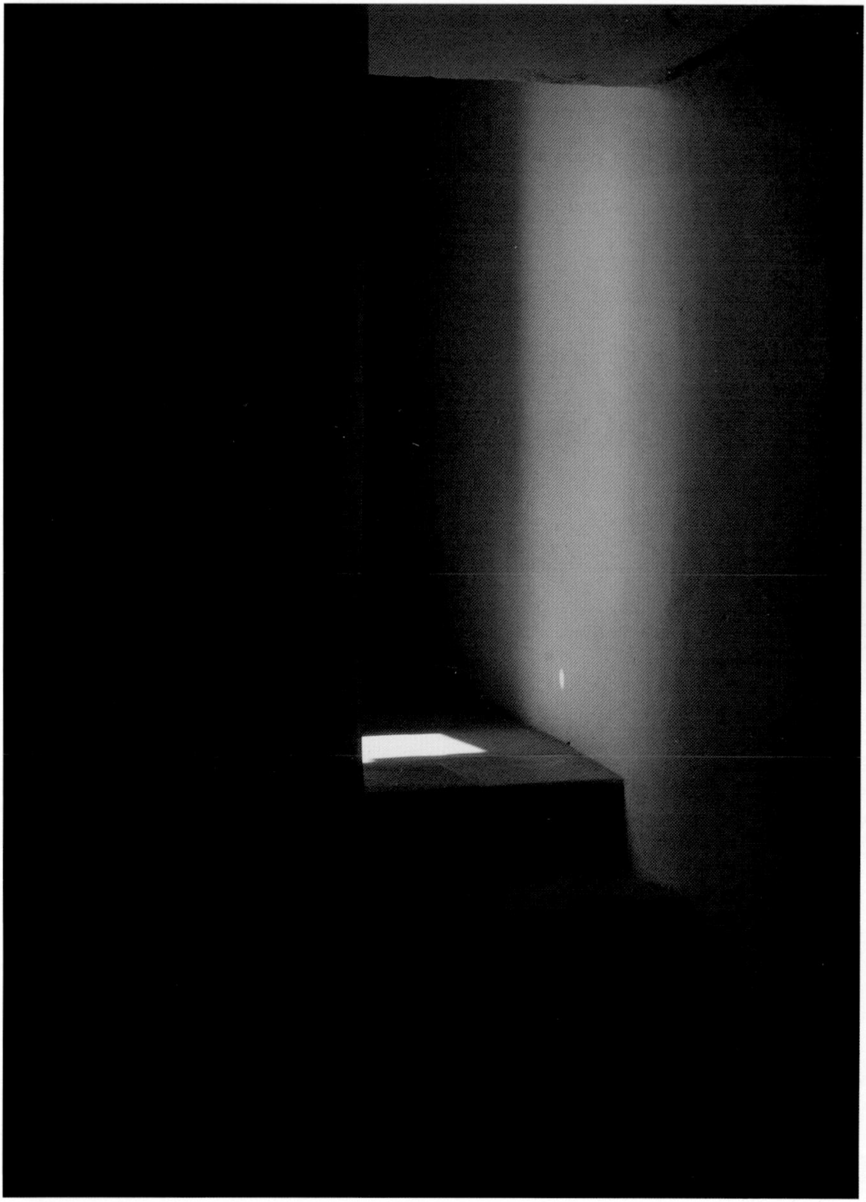

20. Mallorca. 2002

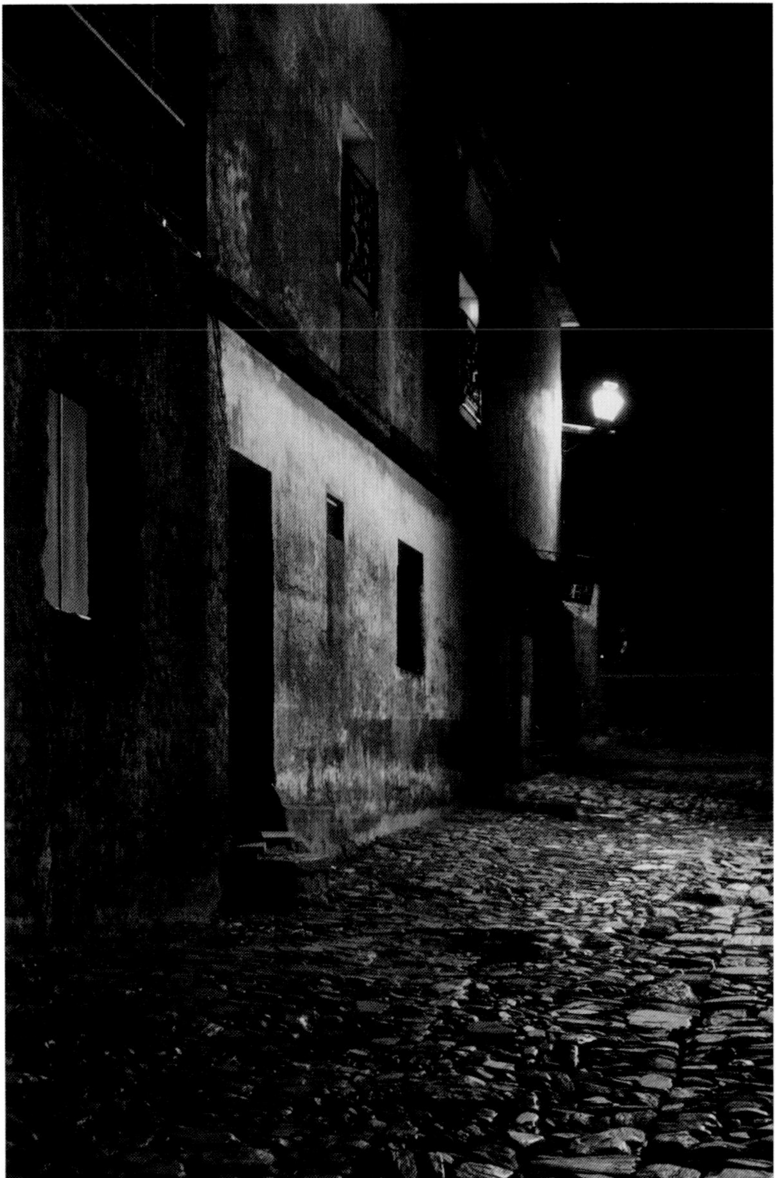

21. Buenos Aires. 1990

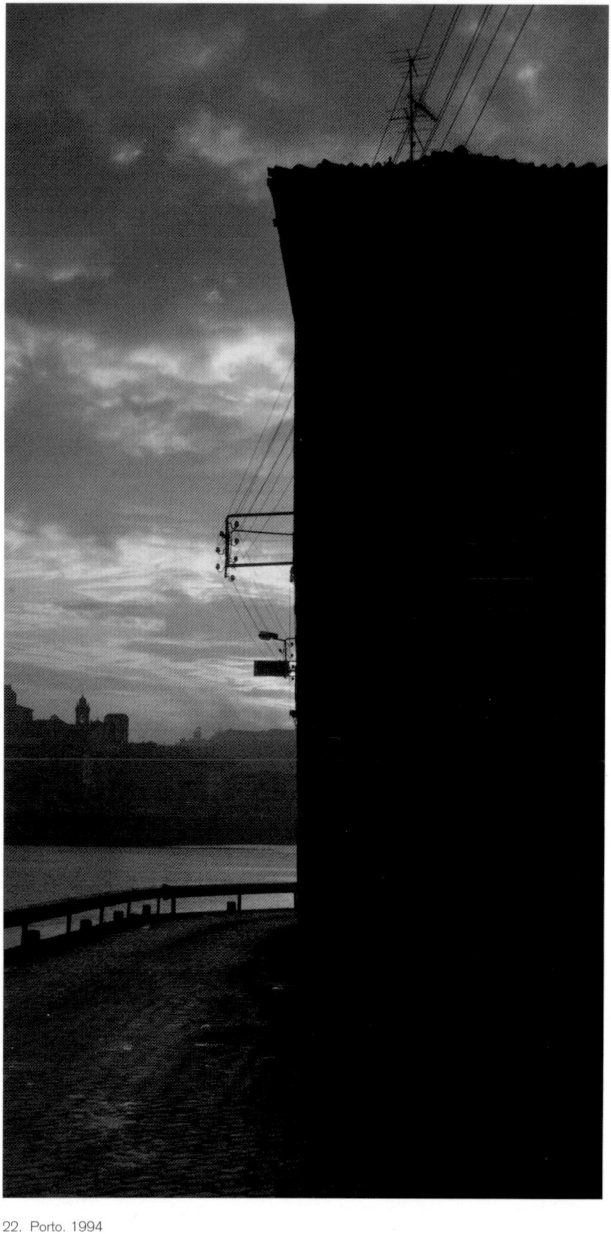

22. Porto. 1994

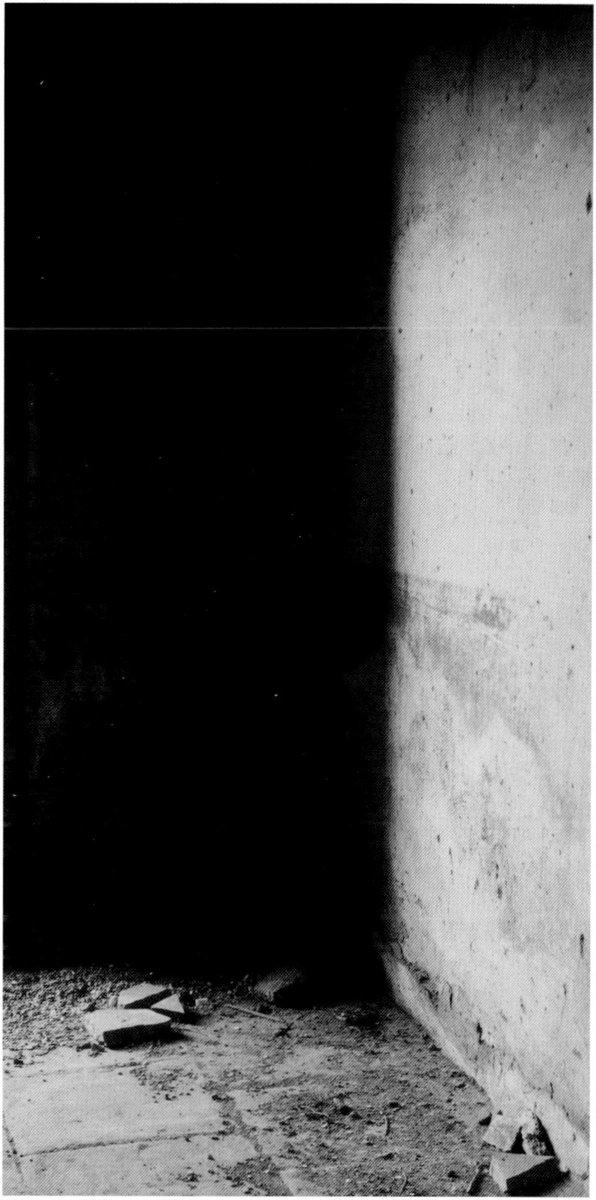

23. 1993

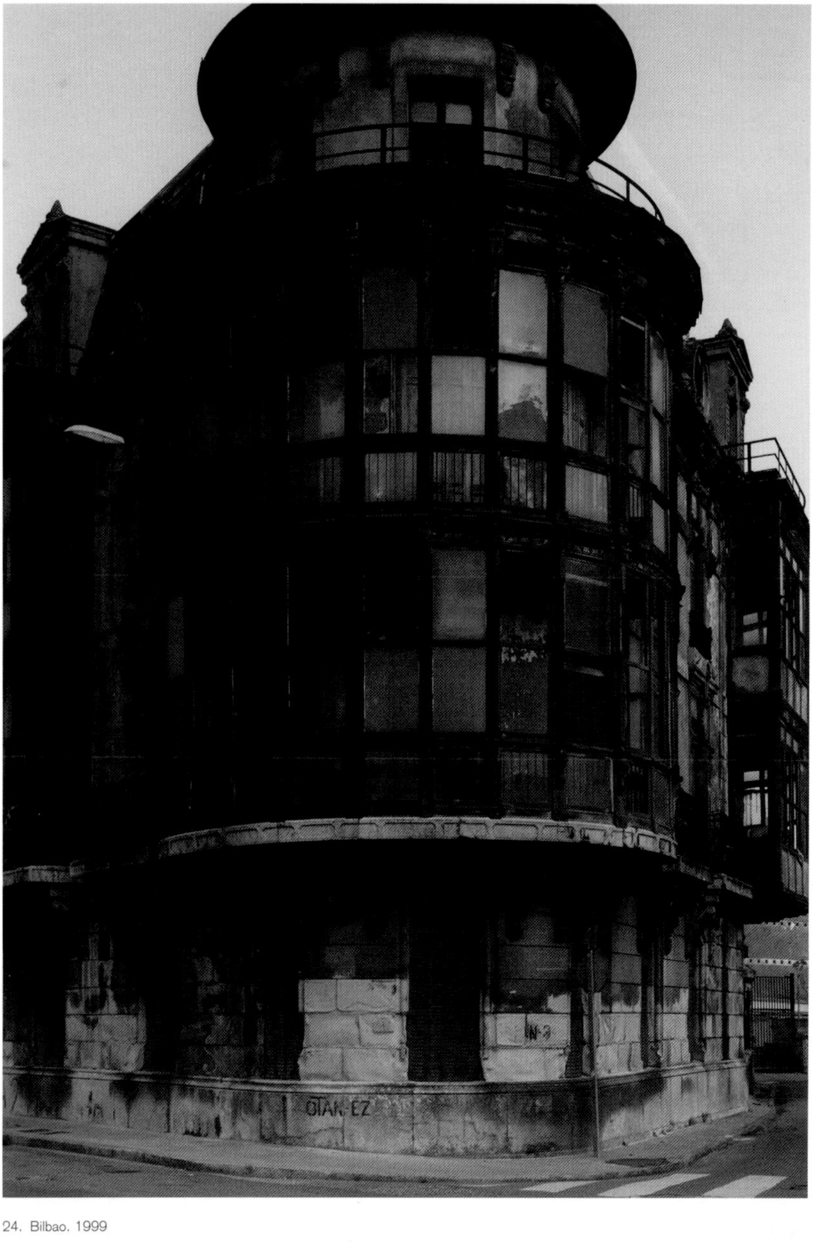

24. Bilbao. 1999

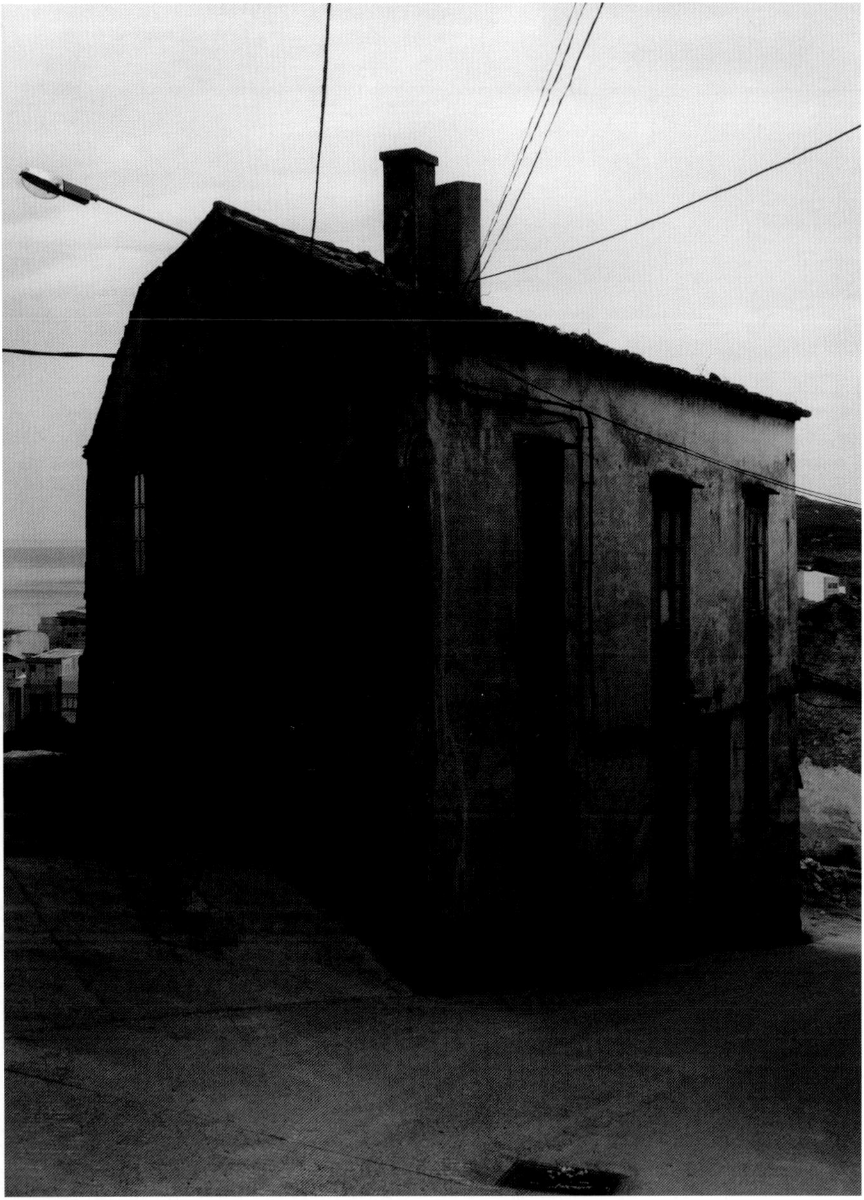

25. Galicia. 1983

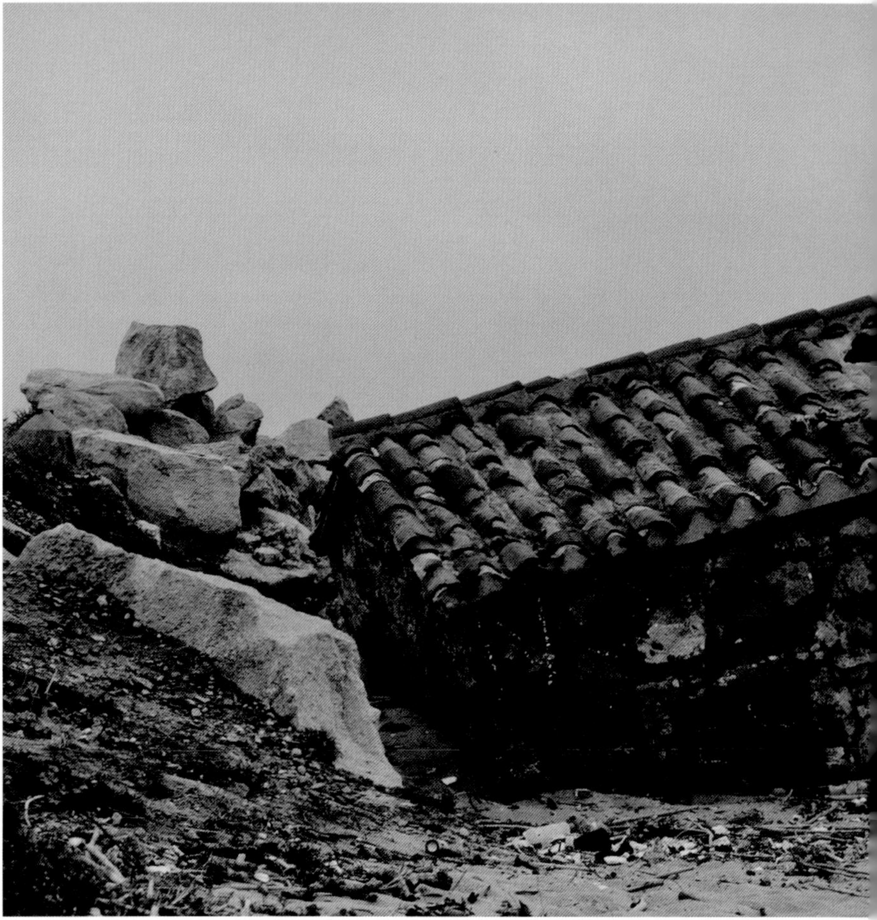

26. Mataró. 1985

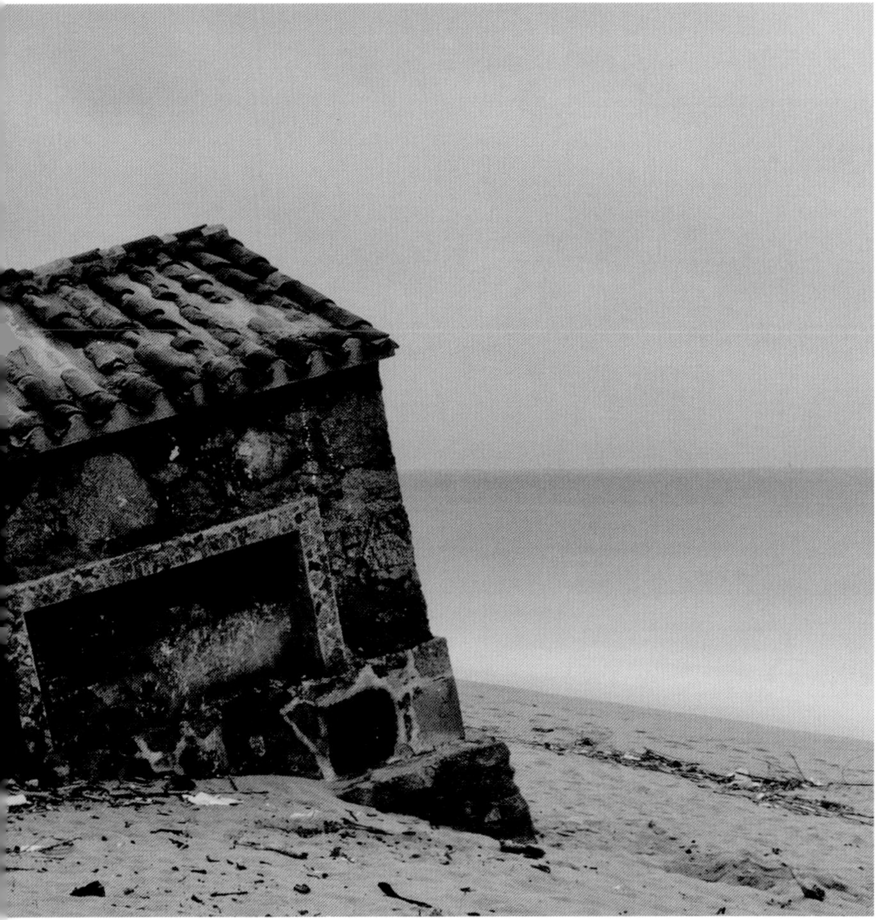

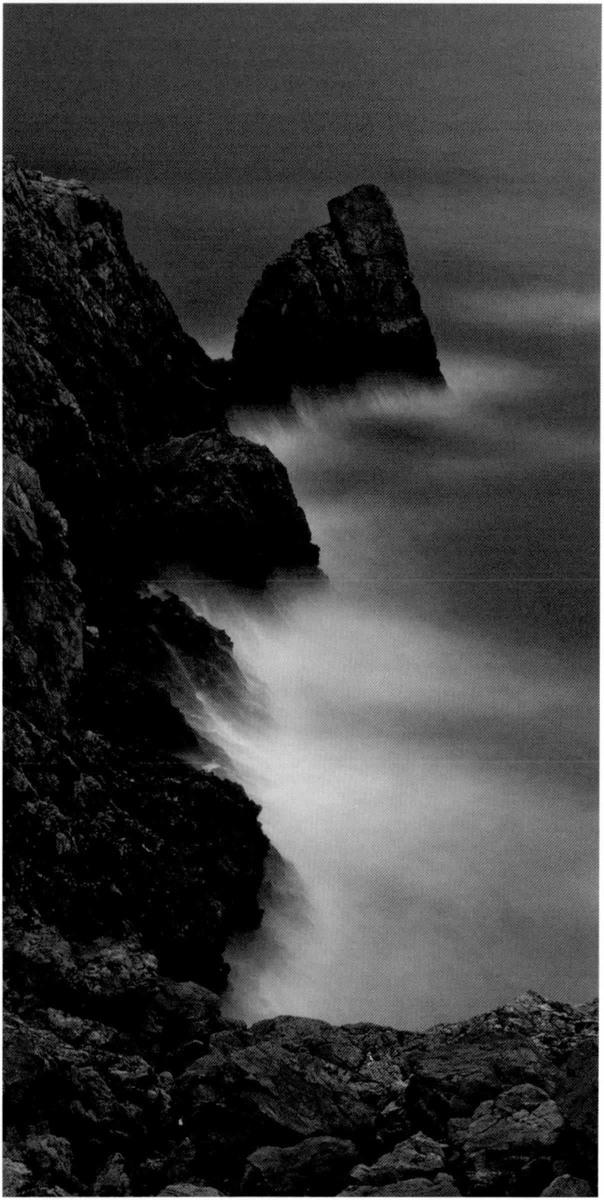

27. Cabo Nati. 1989

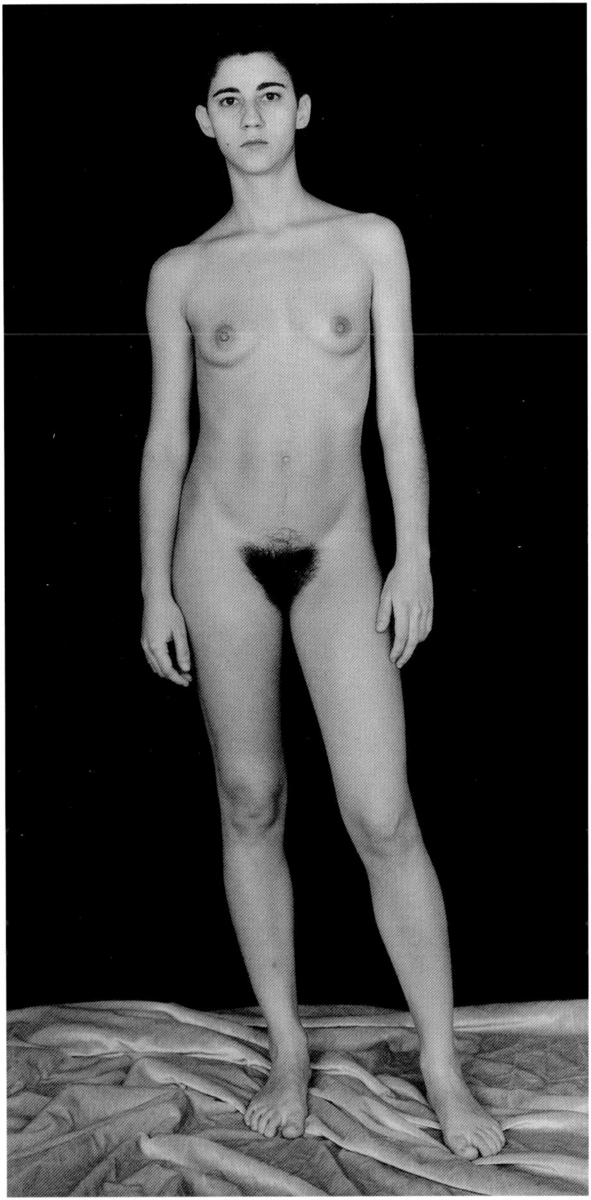

28. Eva. 1990

29. La Albufera. 1985

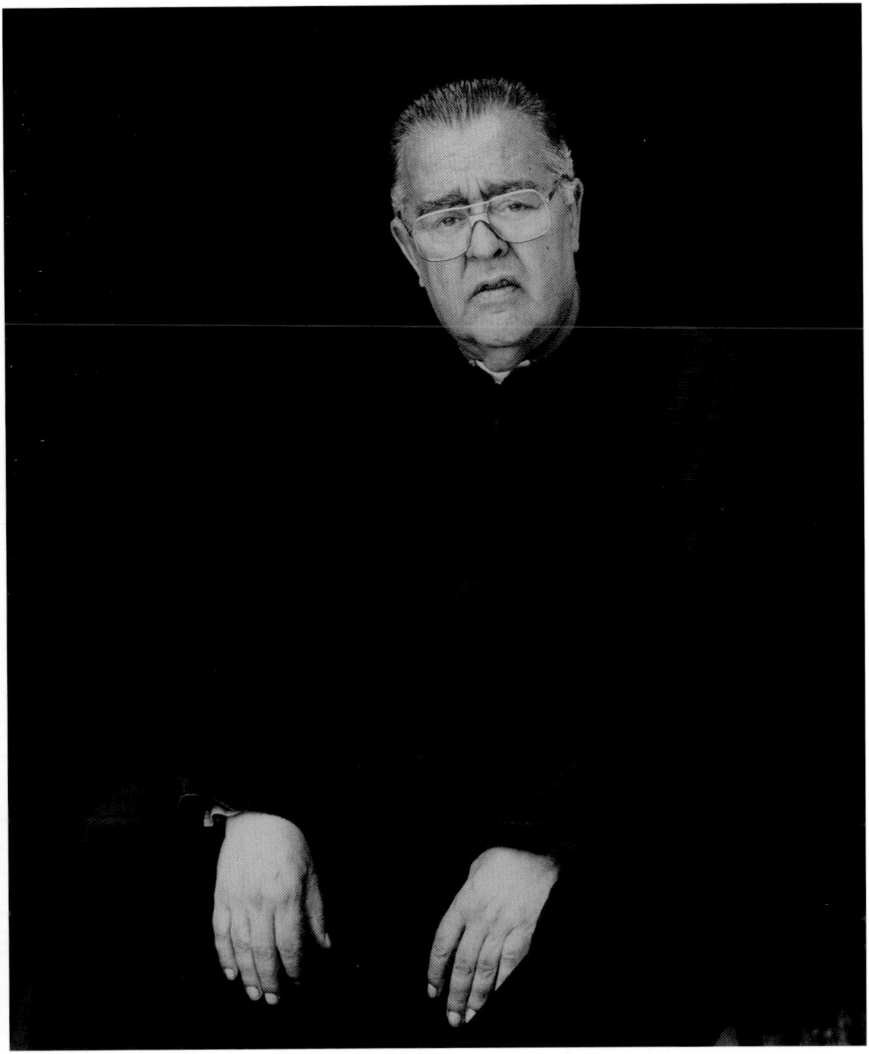

30. El cura de la Albufera. 1985

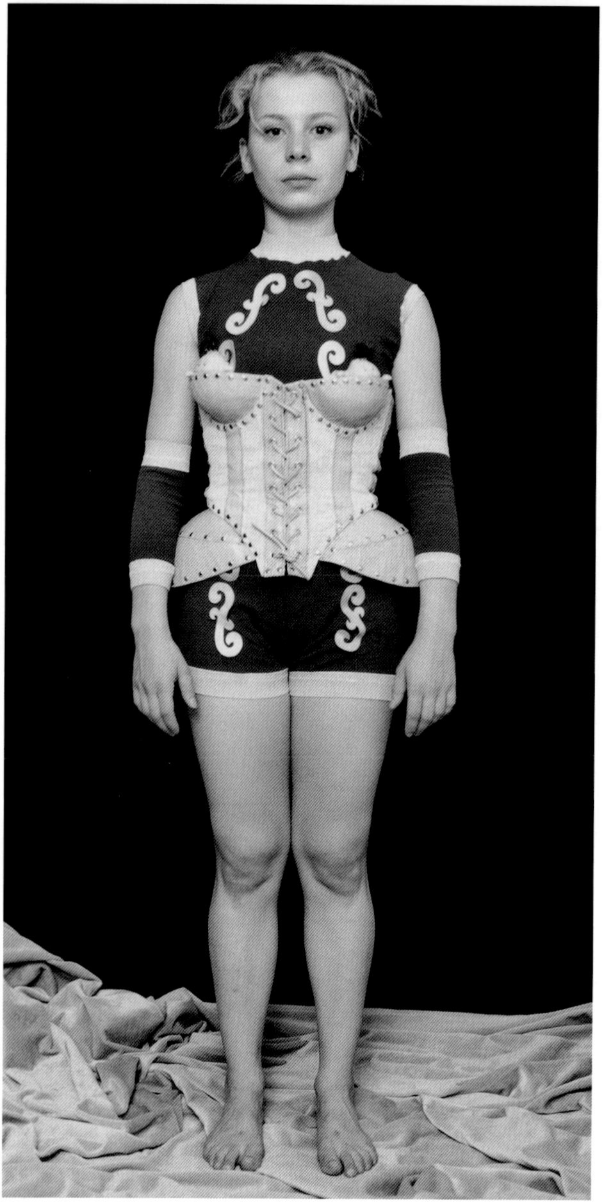

31. 1990

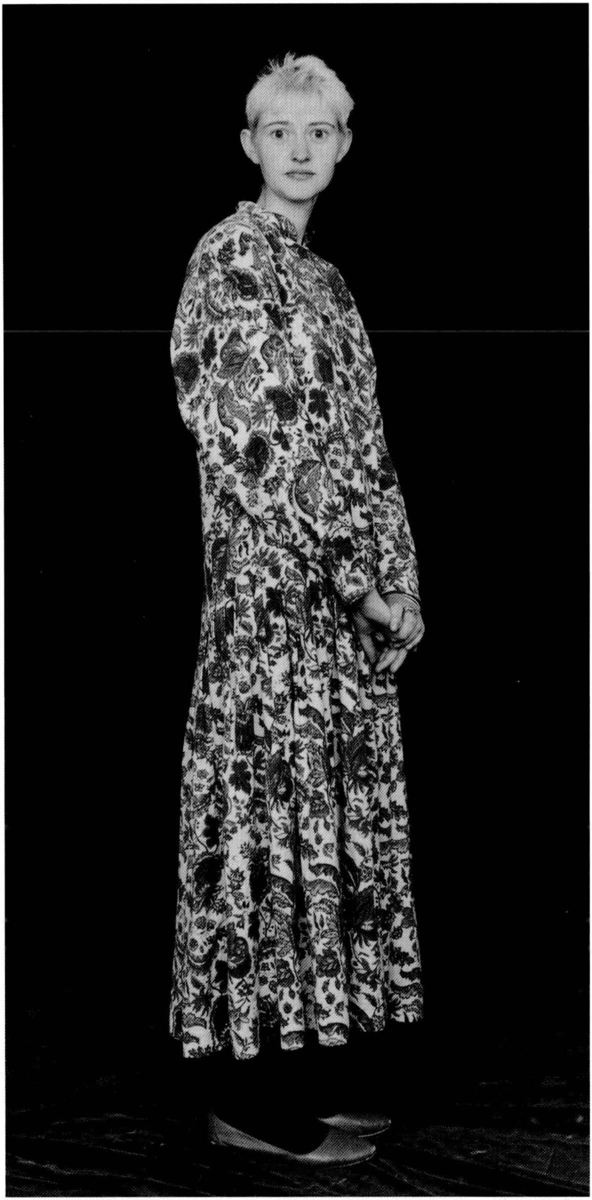

32. Luci. 1990

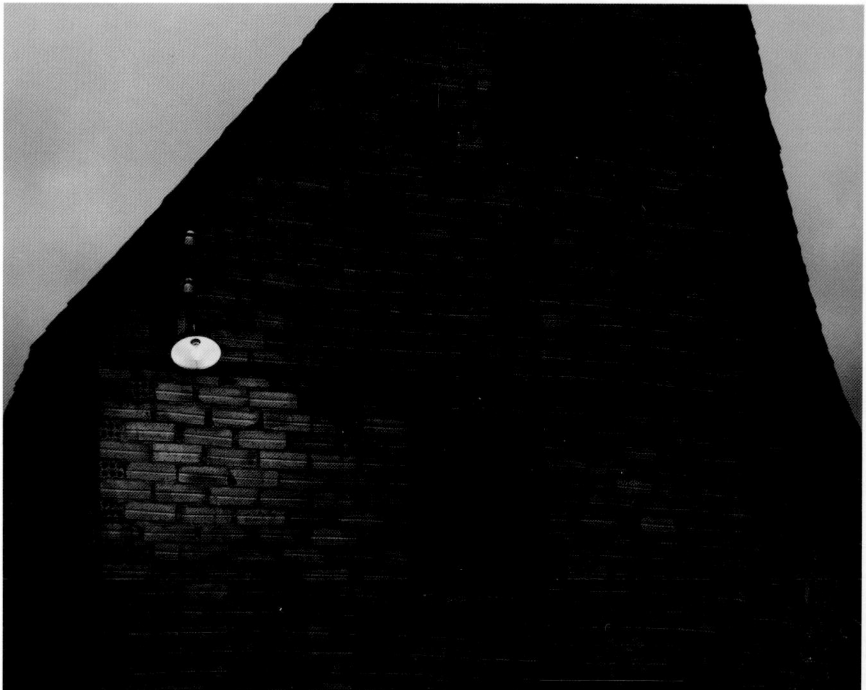

33. Valle de Arán. 1981

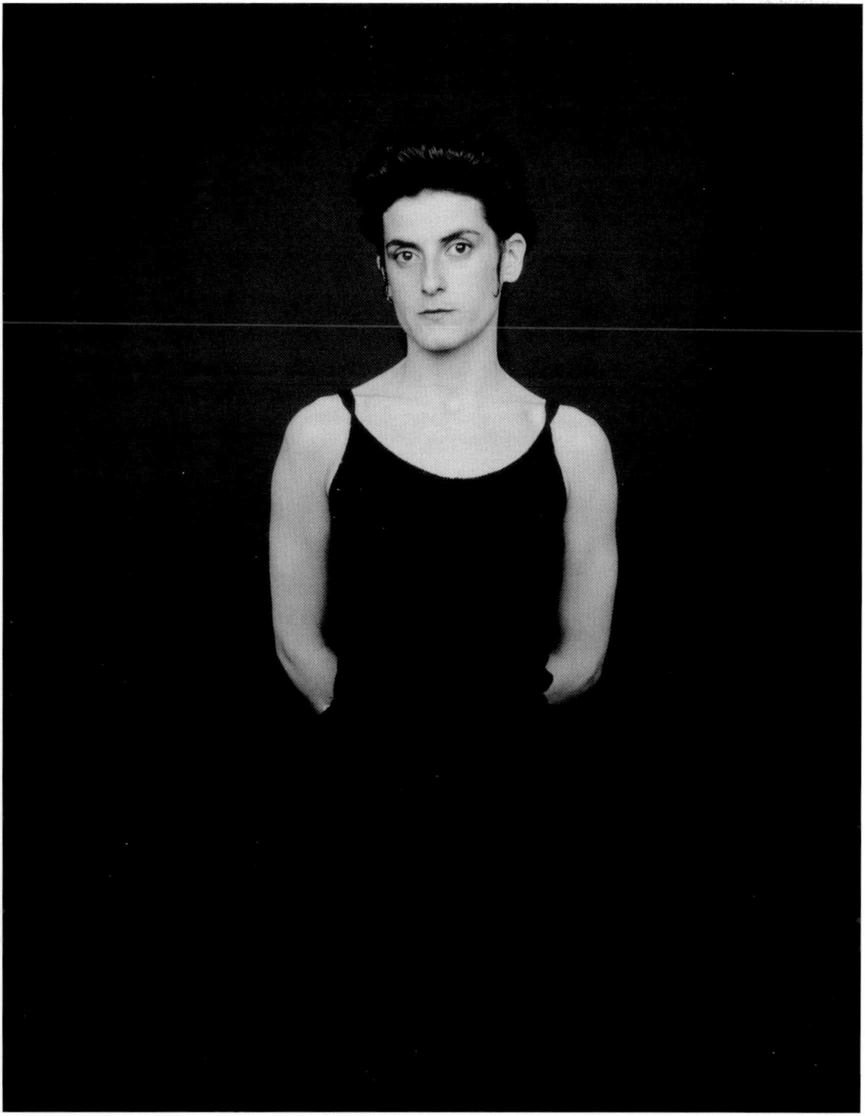

34. 1987

35. Porto. 1994

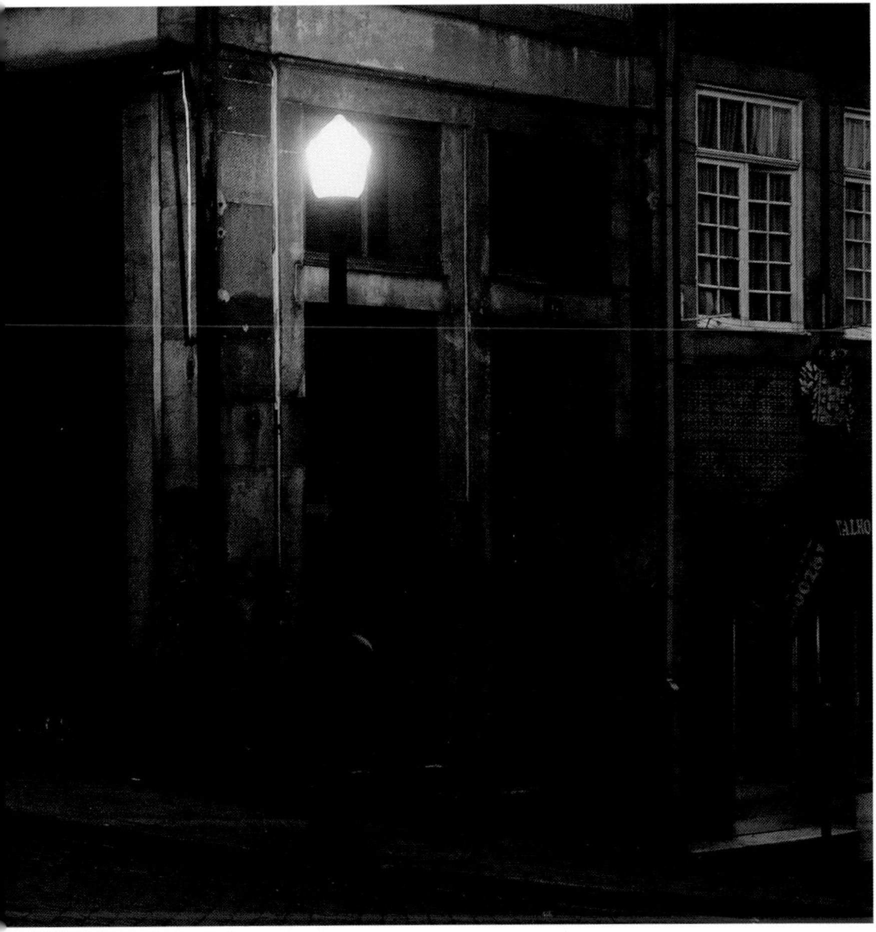
TALHO

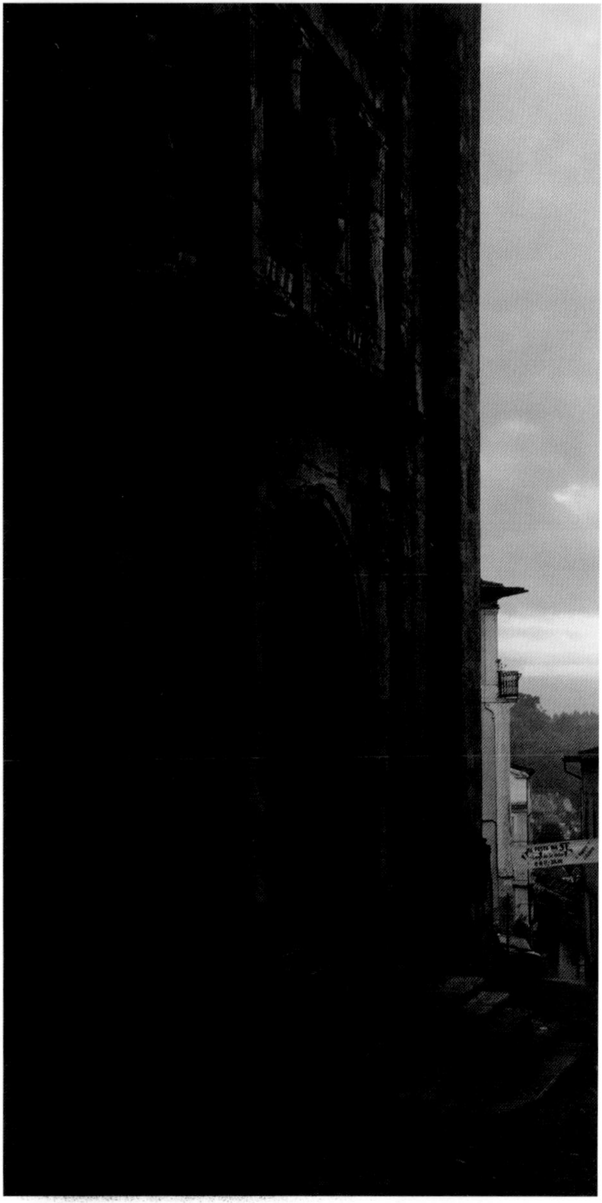

36. Coimbra. 1994

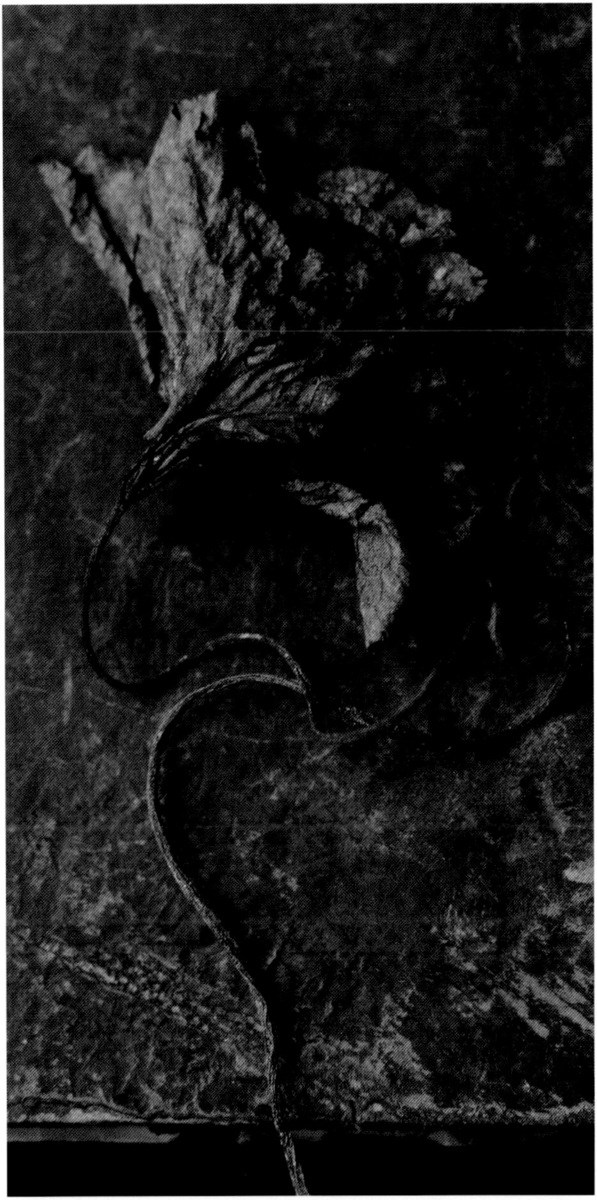

37. Flor. 1992

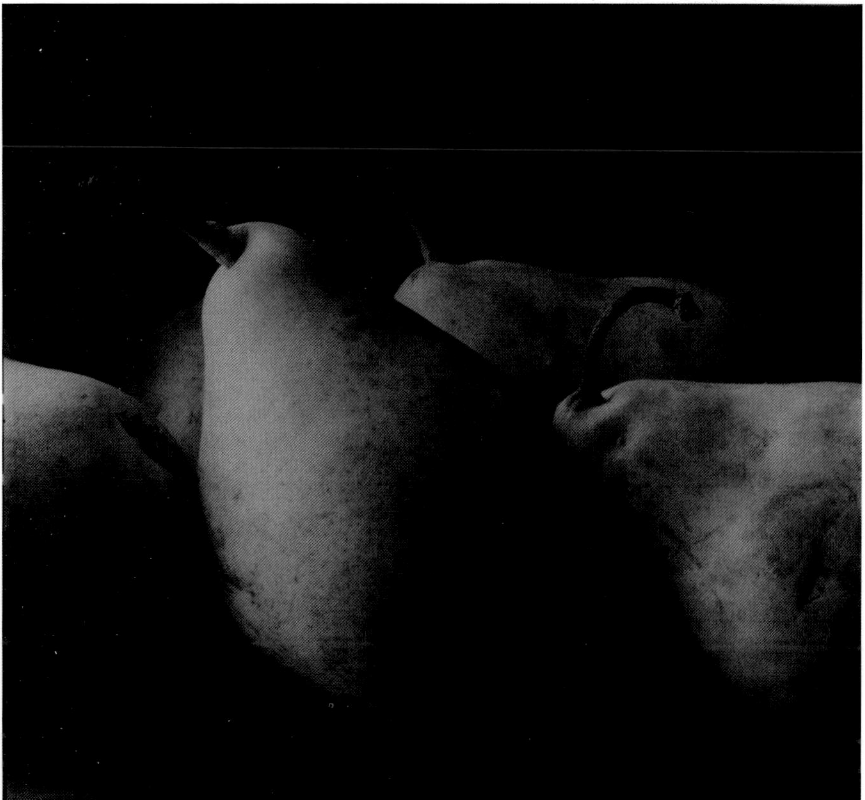

38. 1987

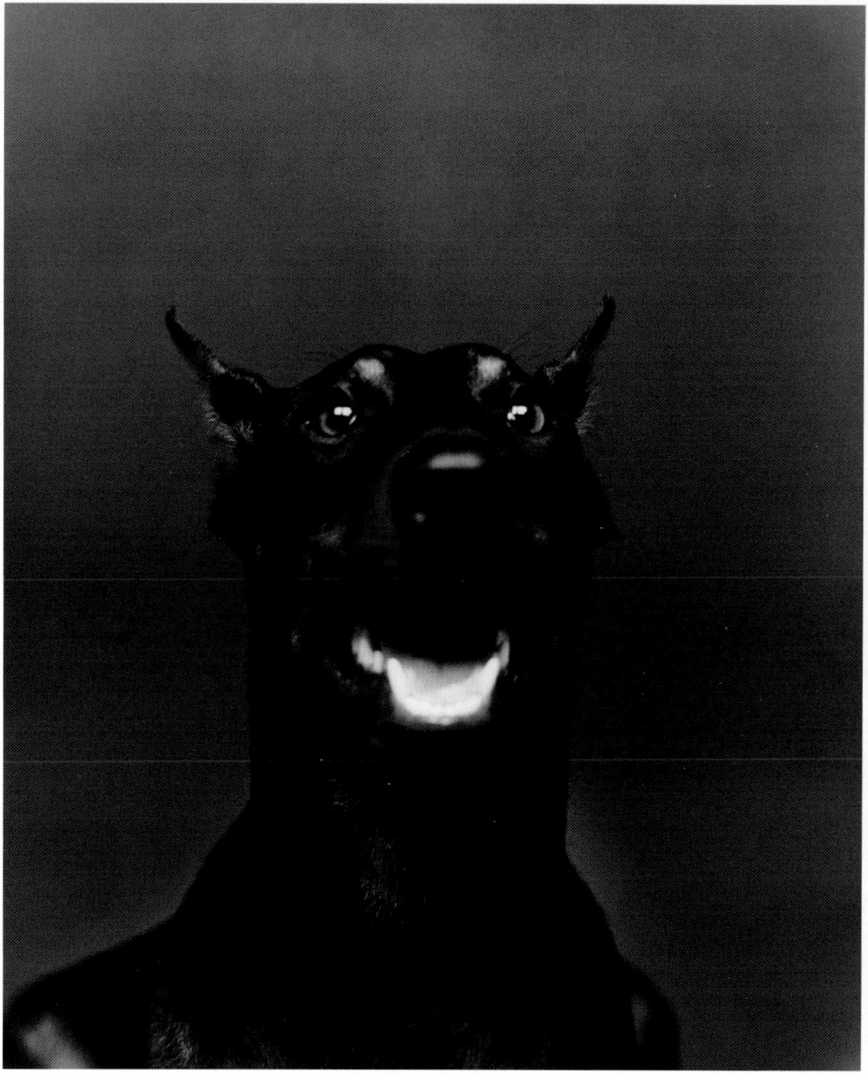

39. Boira. 1985

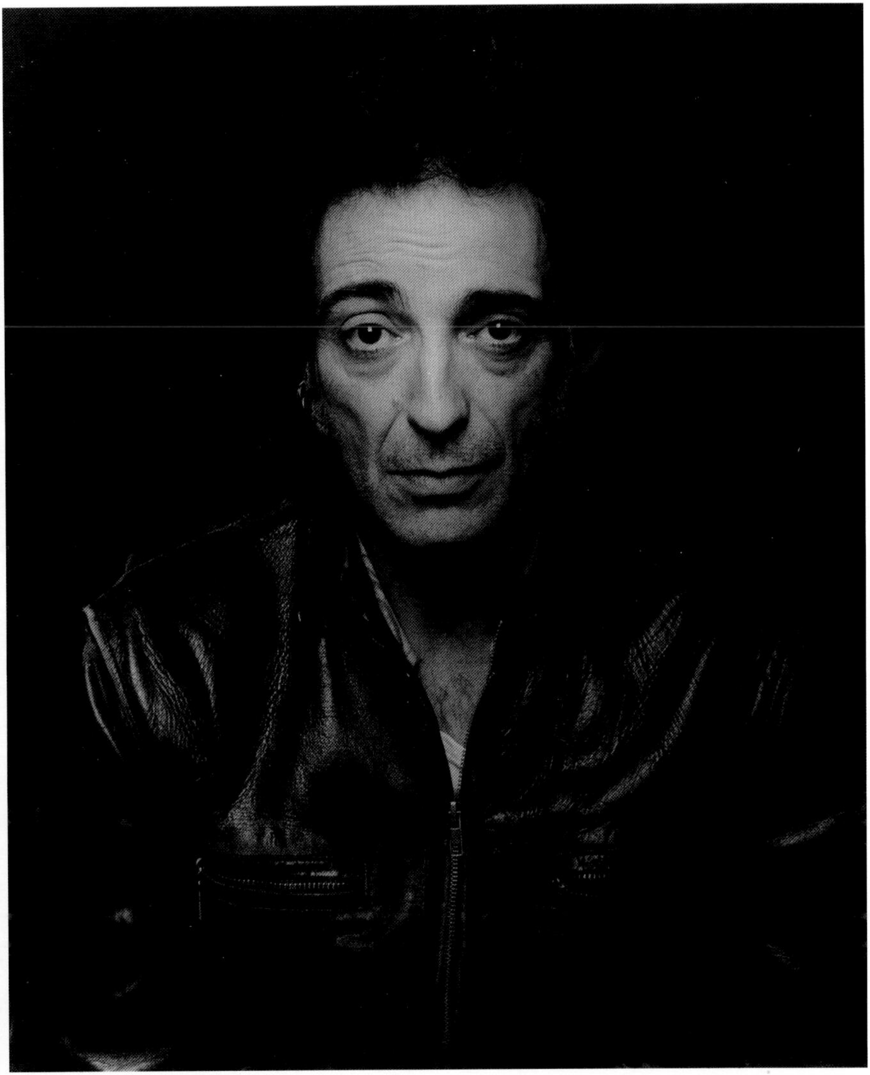

40. Alberto. 2002

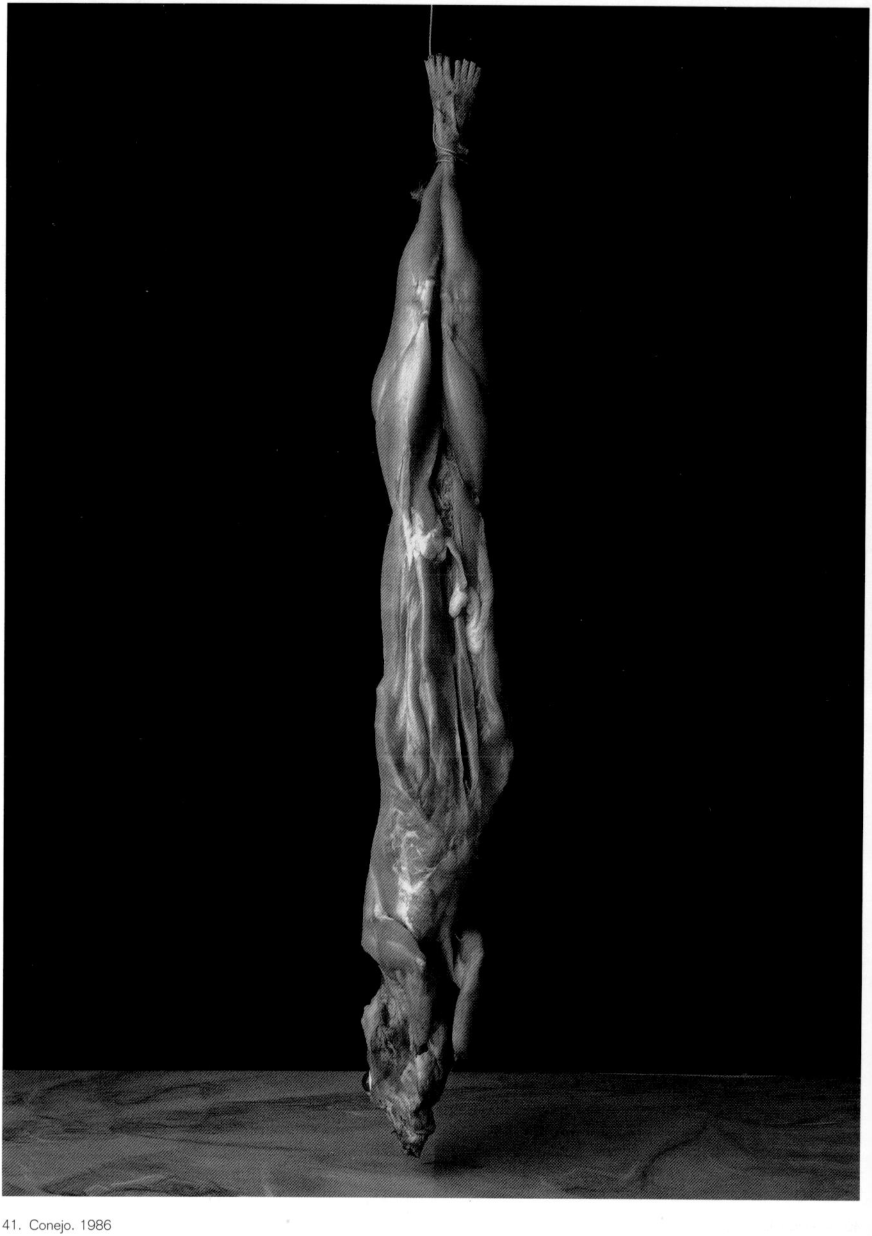

41. Conejo. 1986

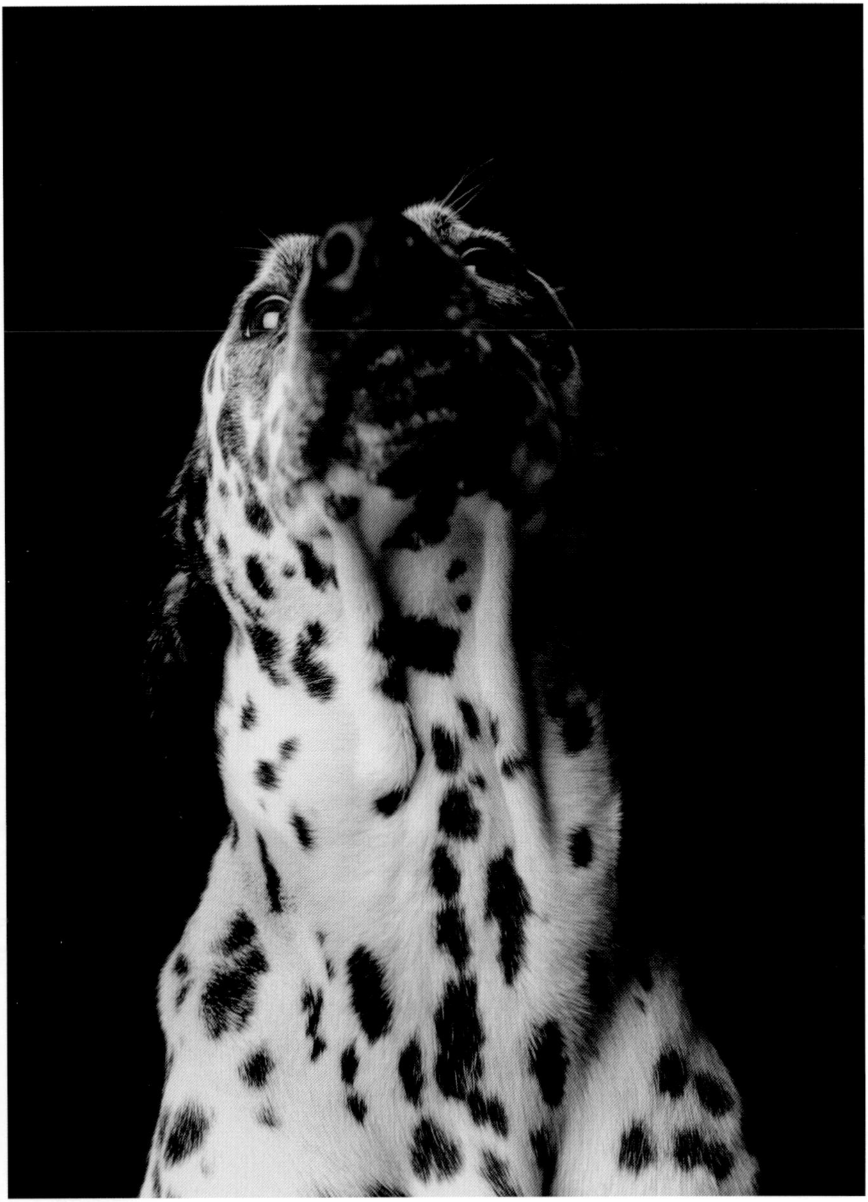

42. Malena.1985

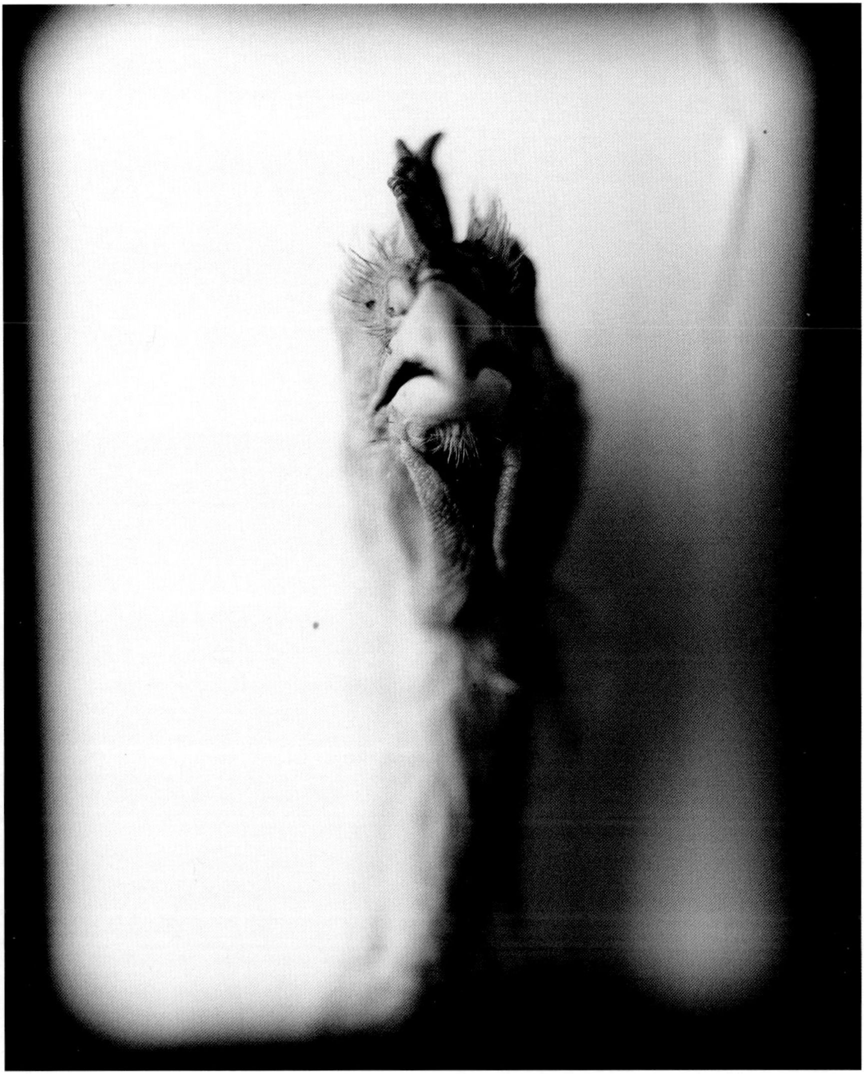

43. Pollo. 1988

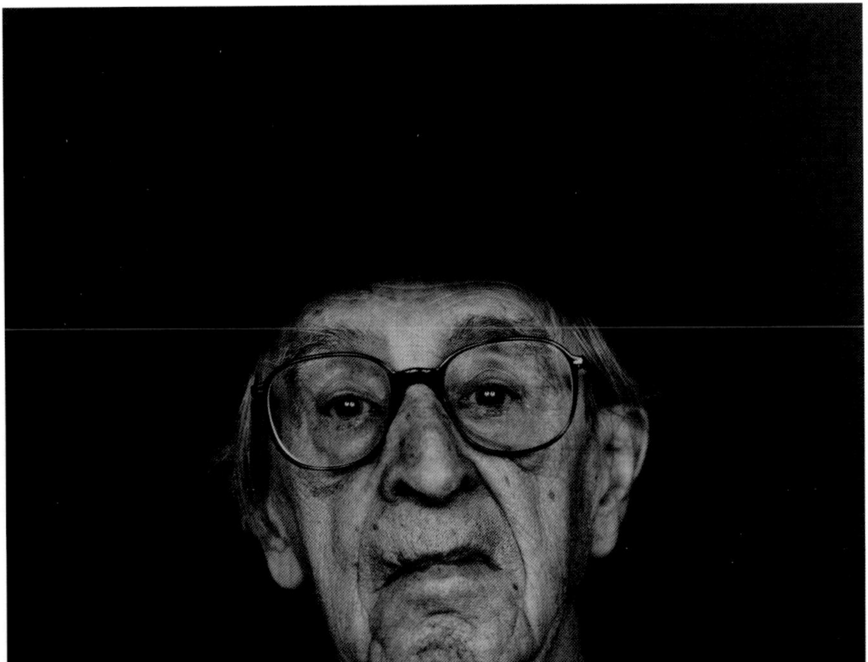

44. Eugenio. 1998

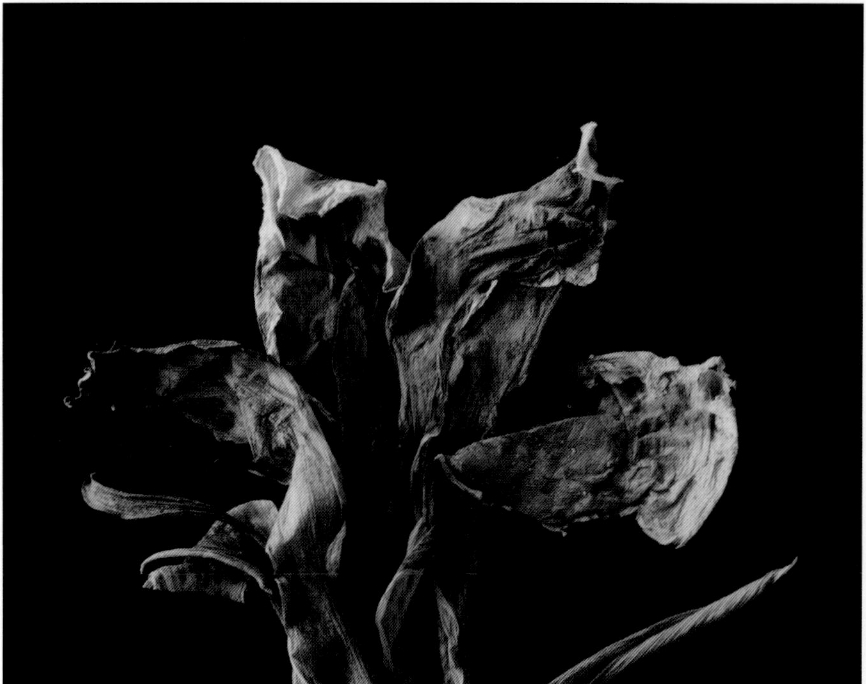

45. Flor. 1994

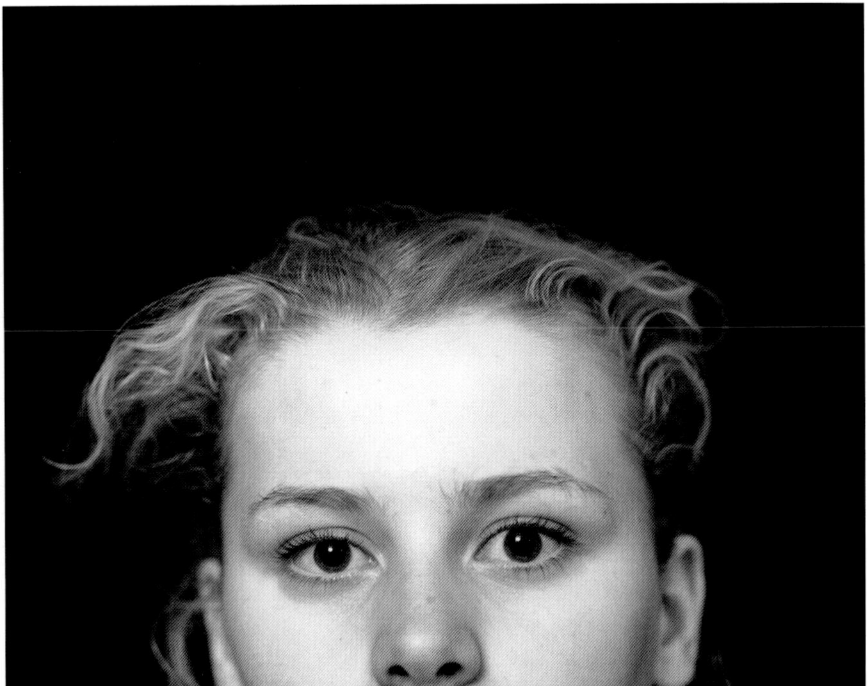

46. 1990

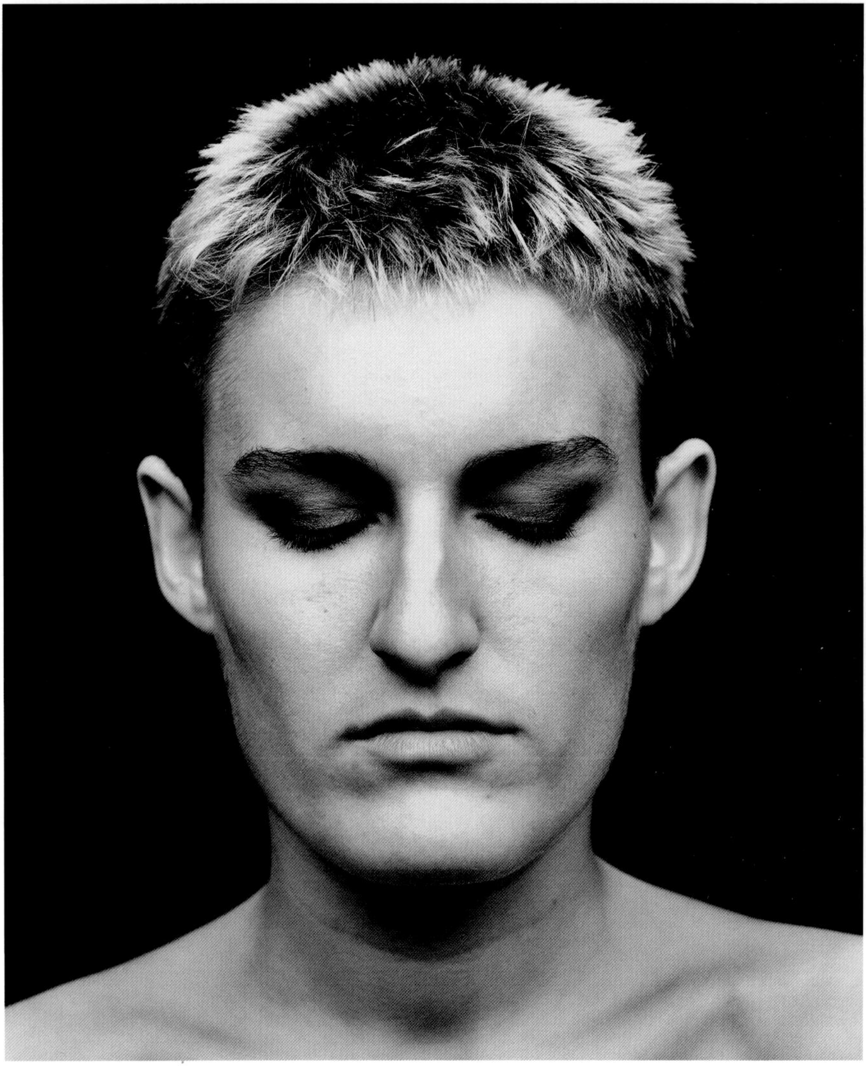

47. Mercè. 1986

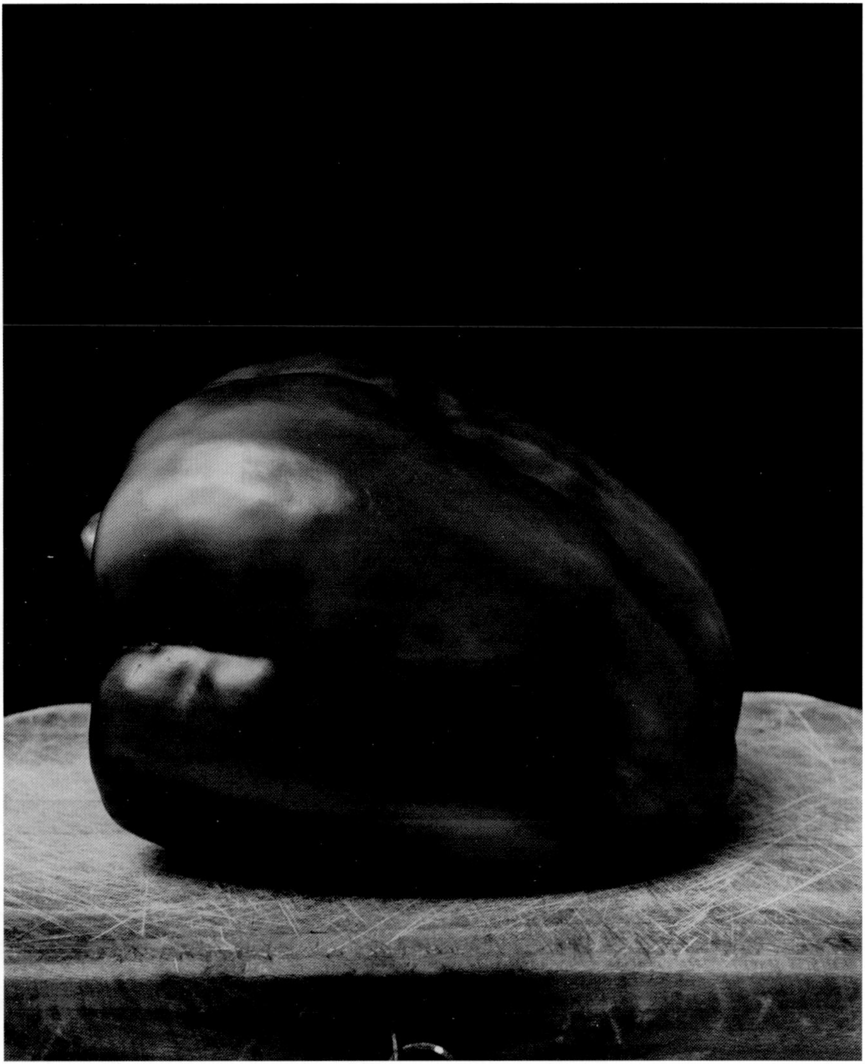

48. 1980

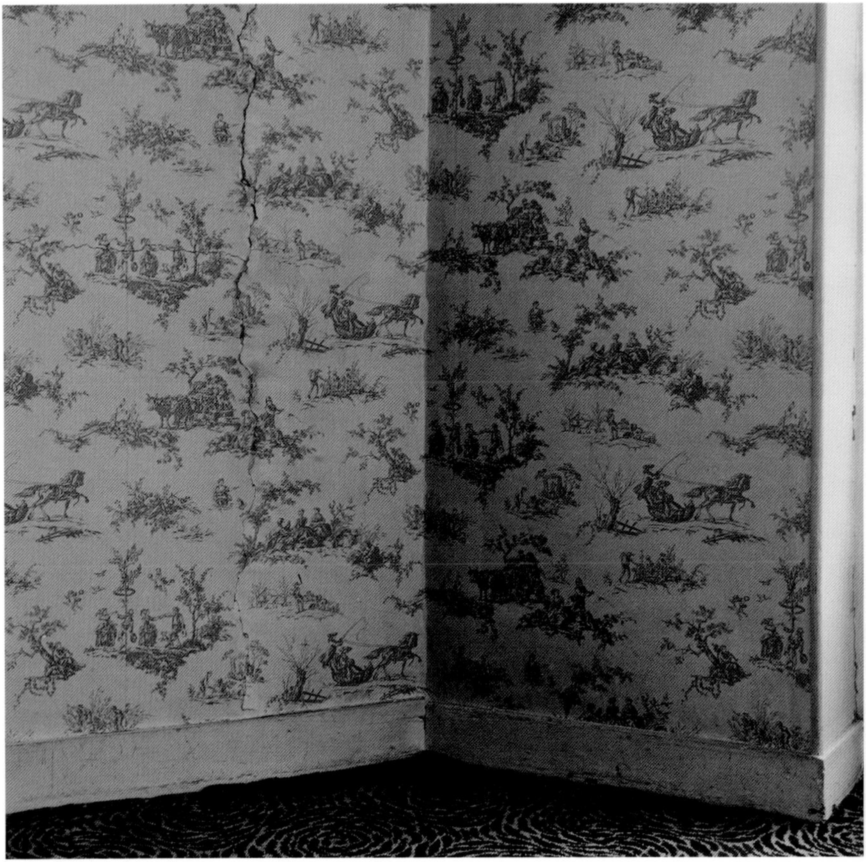

49. 1979

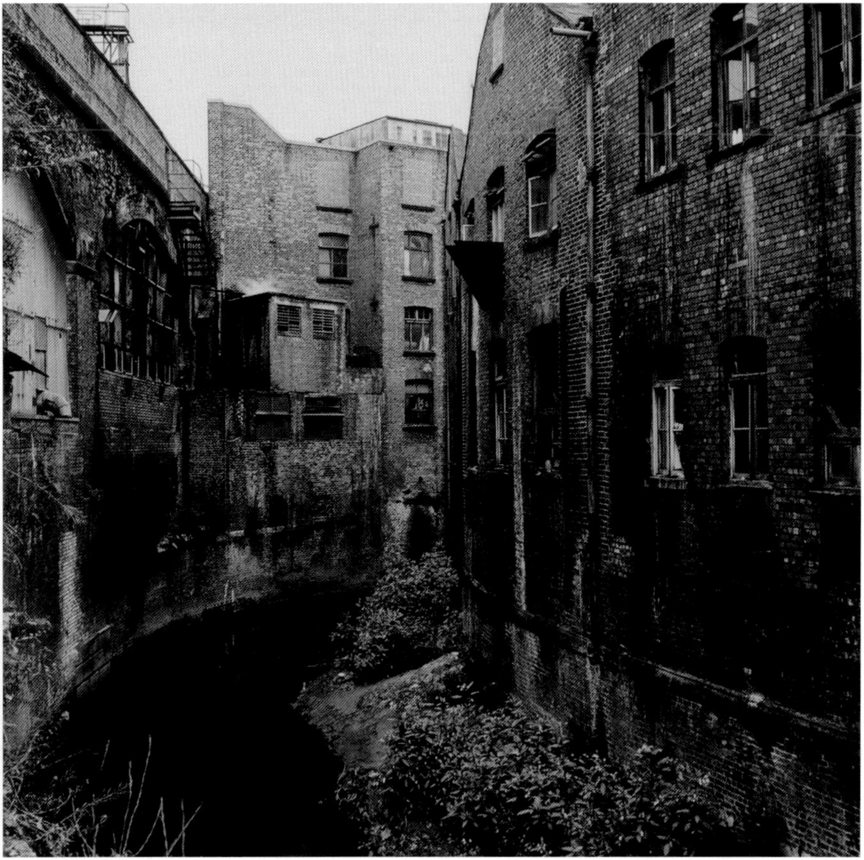

50. Inglaterra.1979

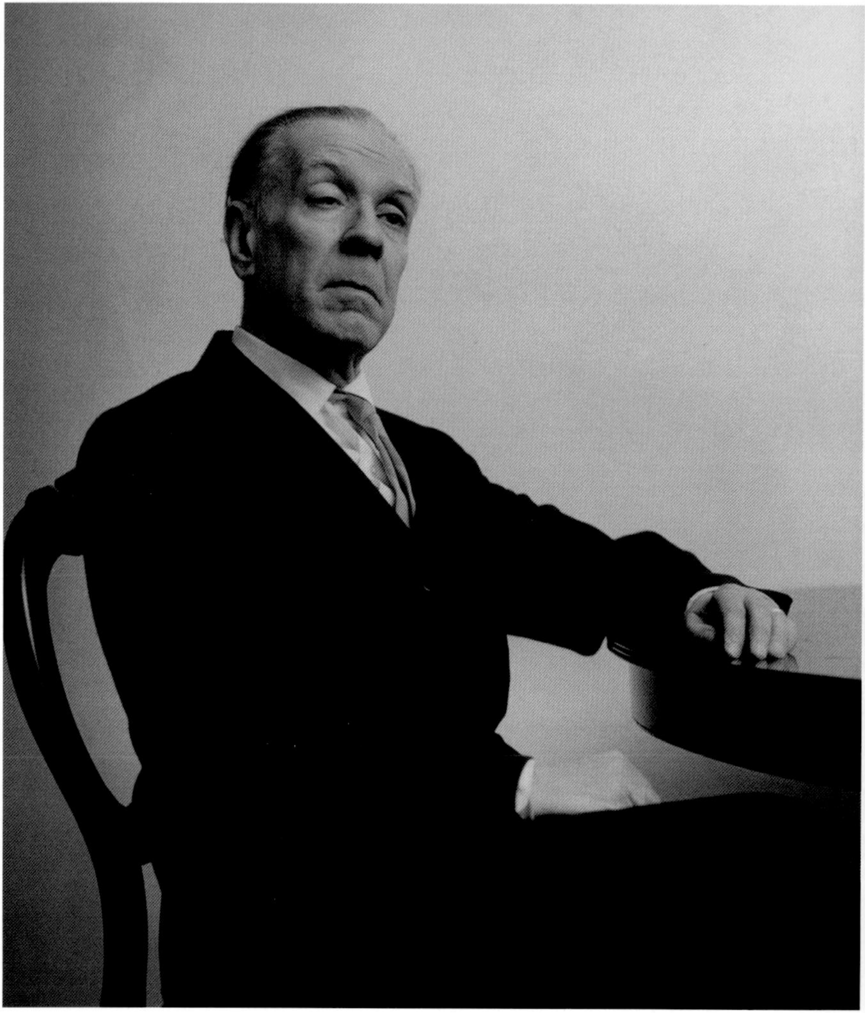

51. Jorge Luis. 1972

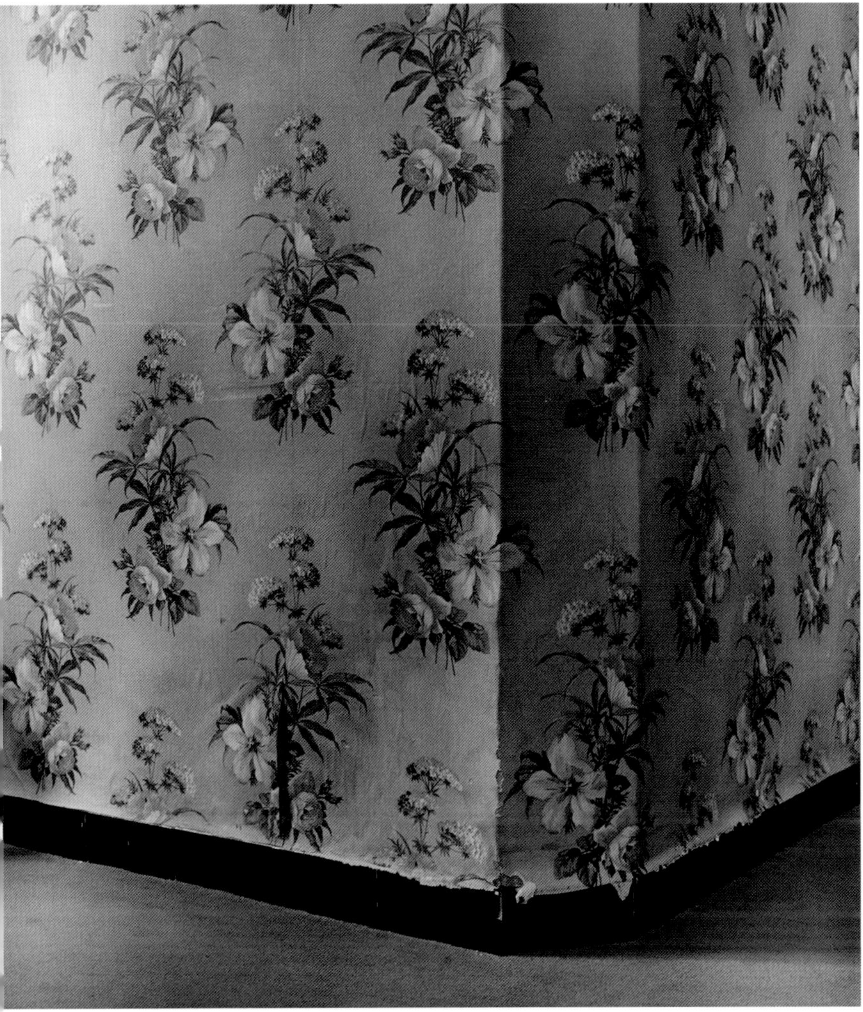

52. 1983

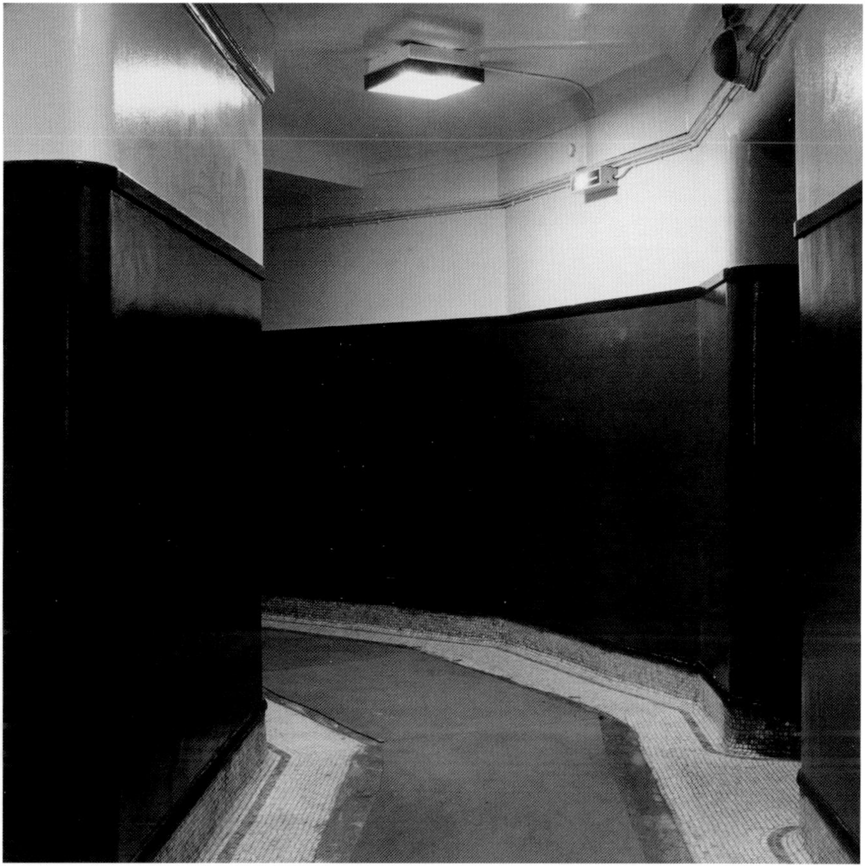

53. 1982

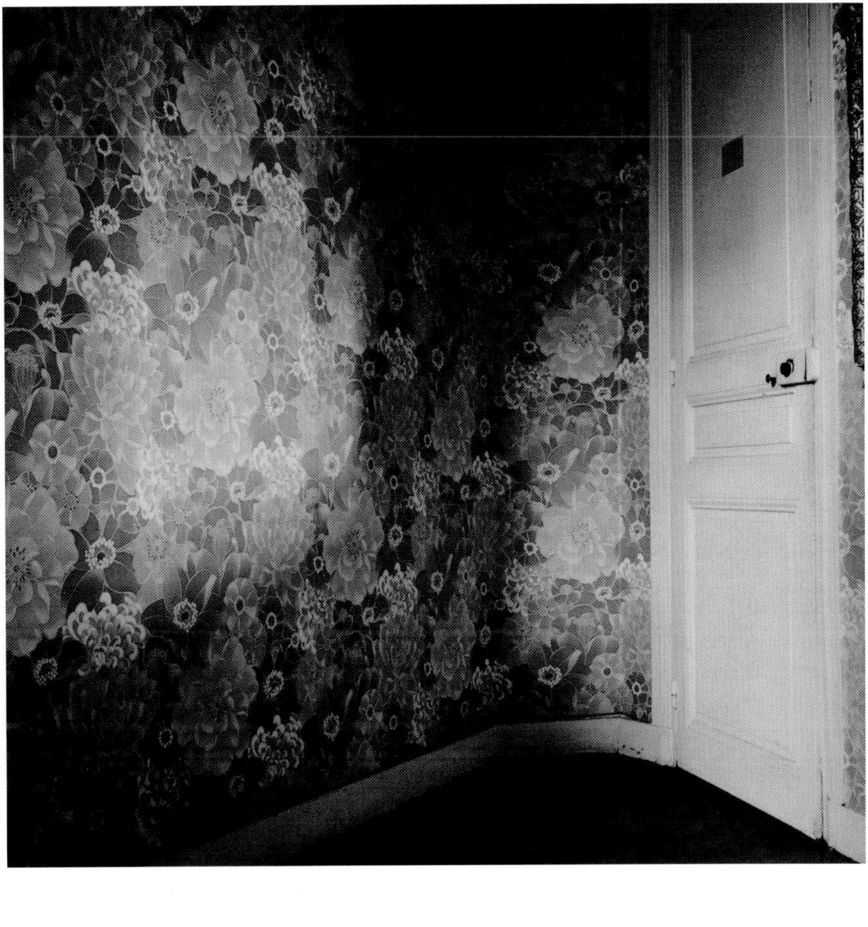

54. Londres. 1978

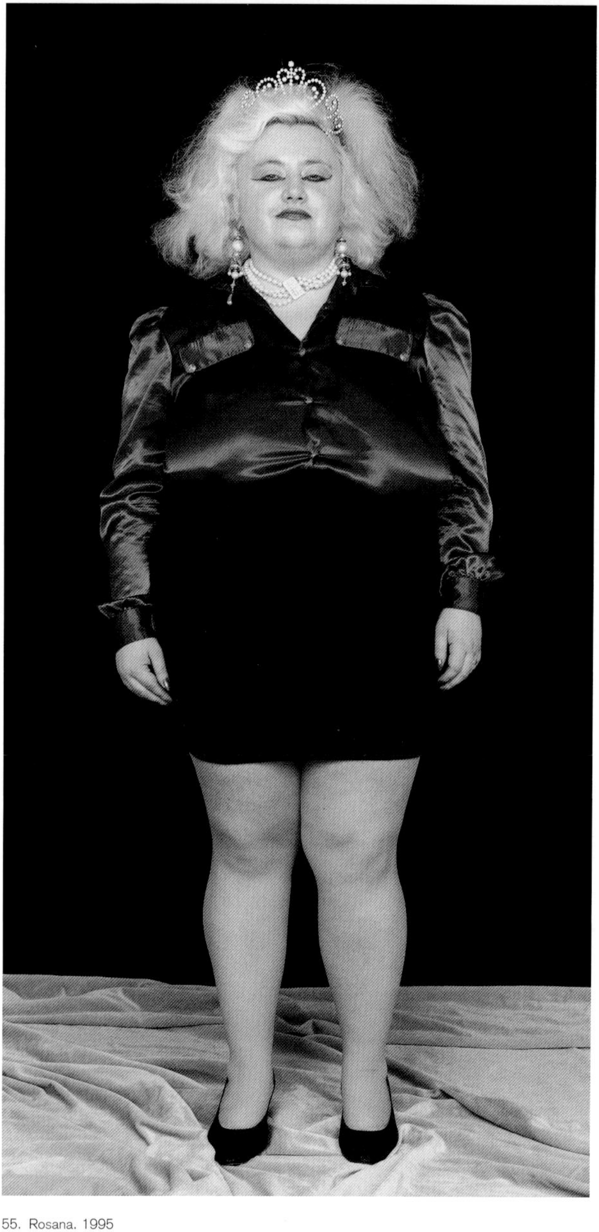

55. Rosana. 1995

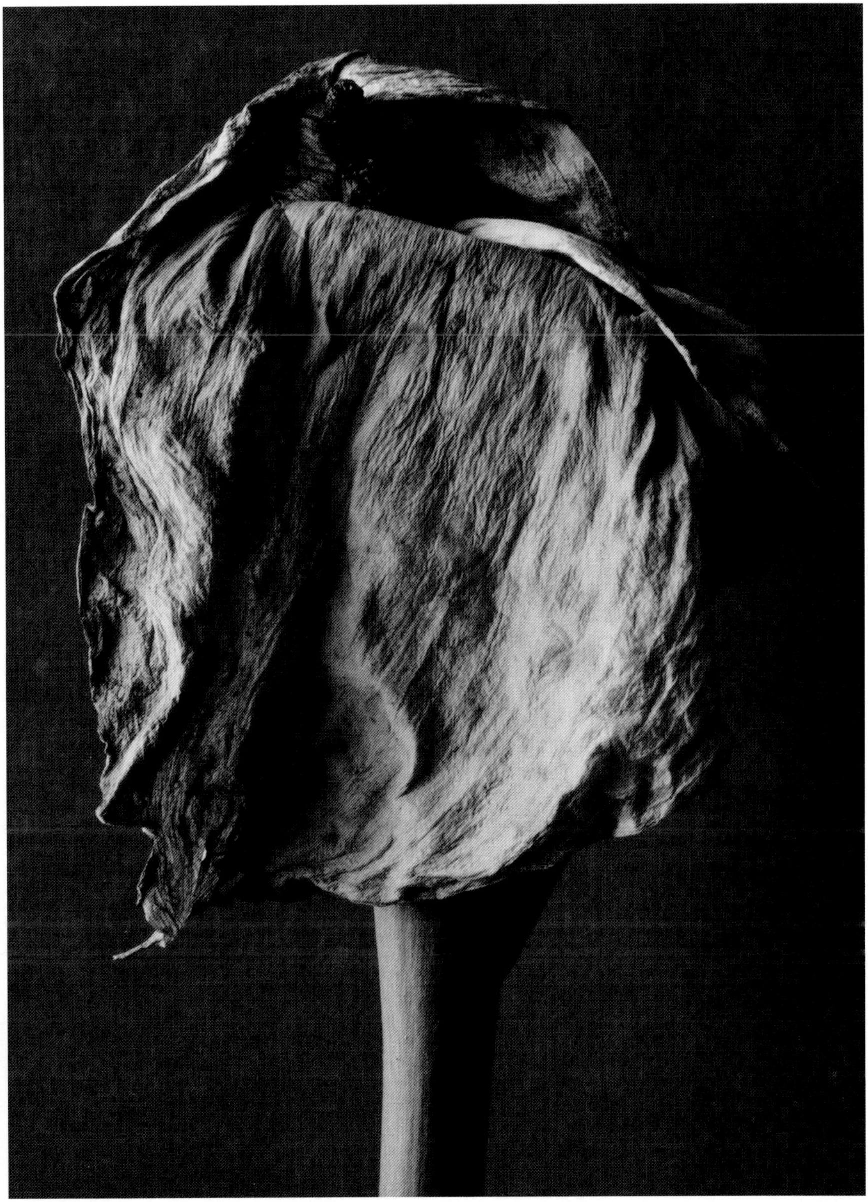

56. Flor. 1988

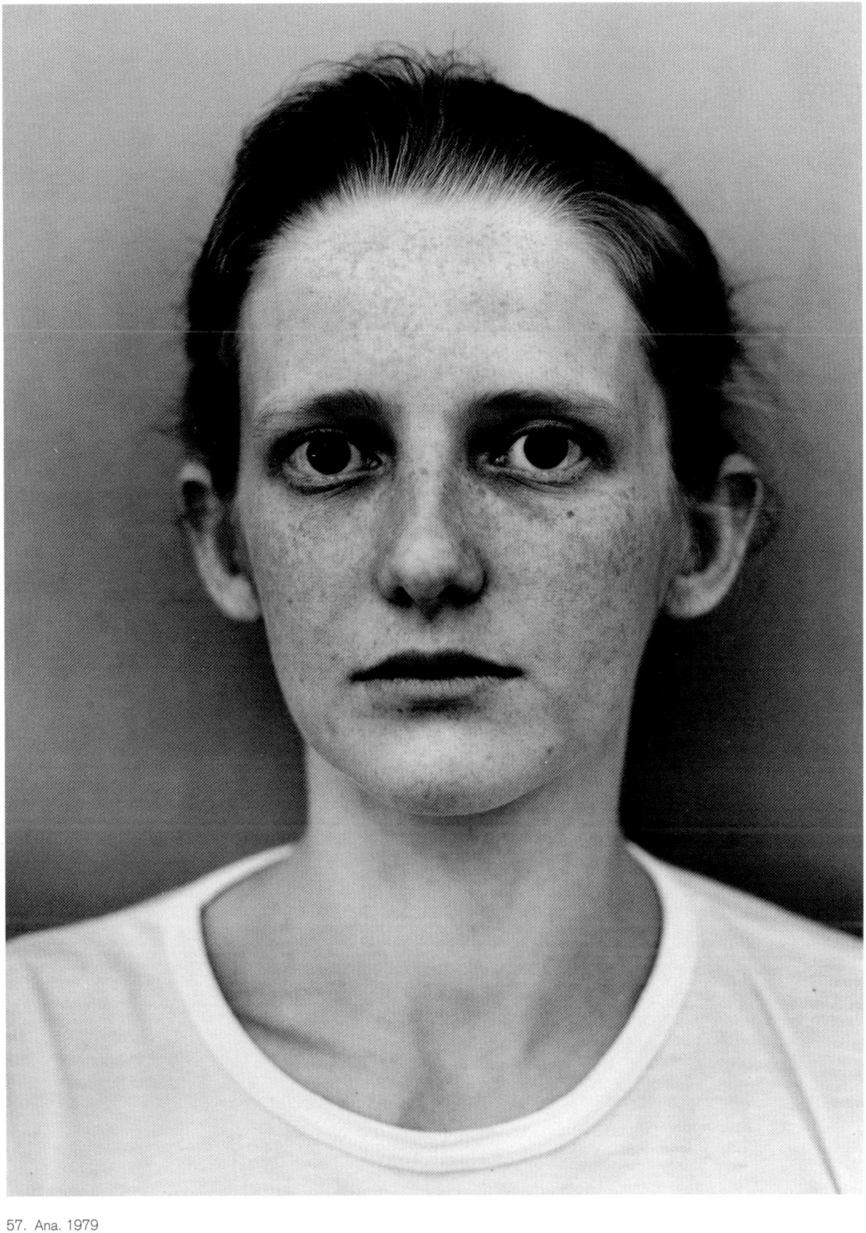

57. Ana. 1979

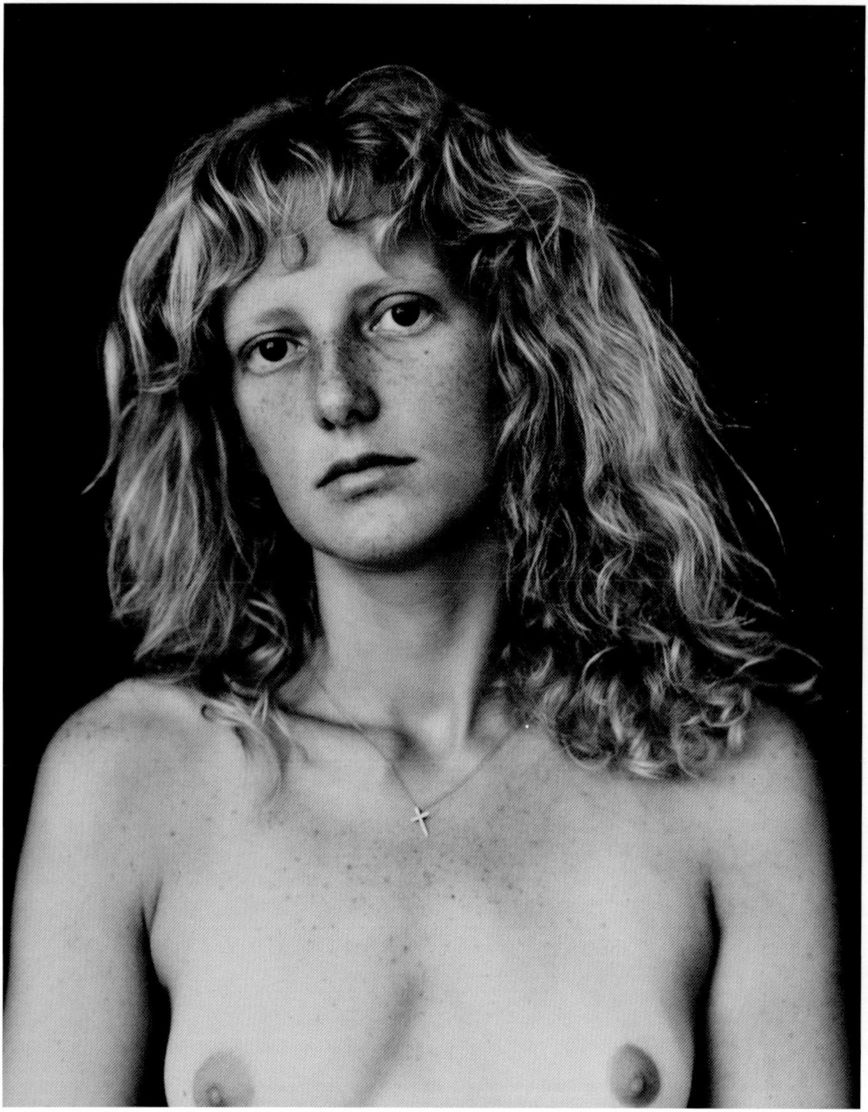

58. Ana. 1982

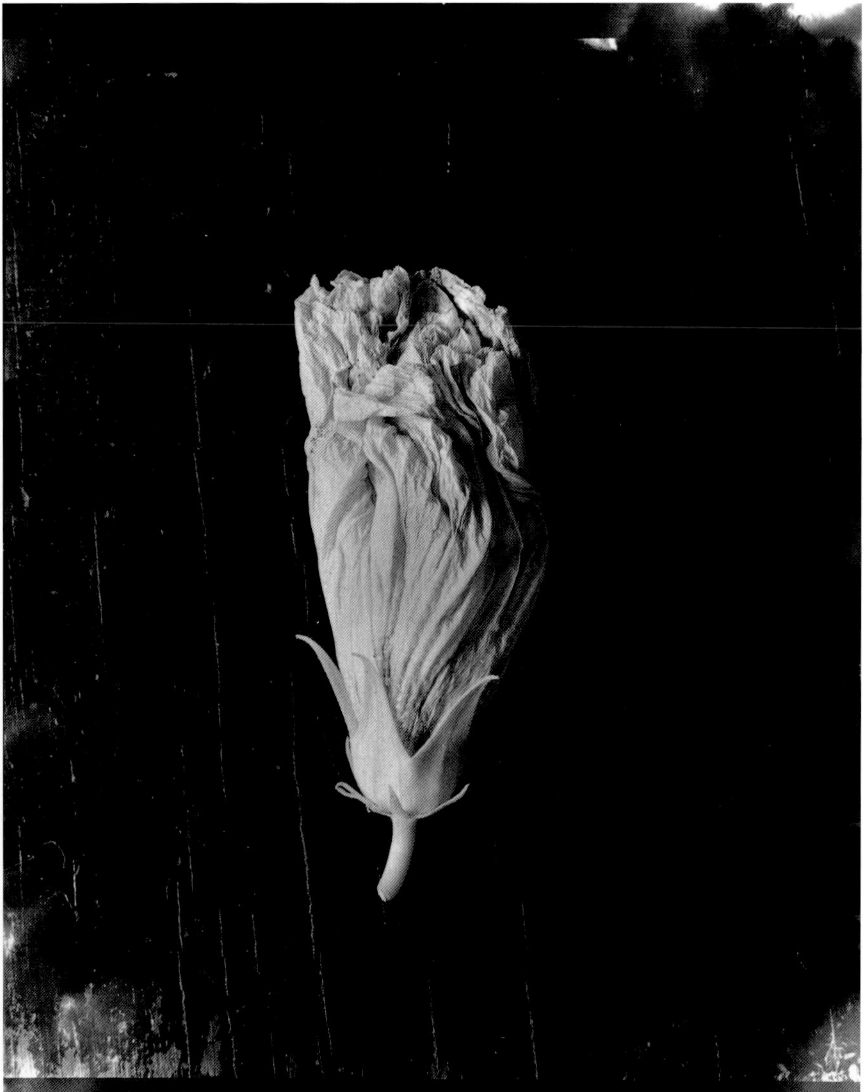

59. Flor. 1987

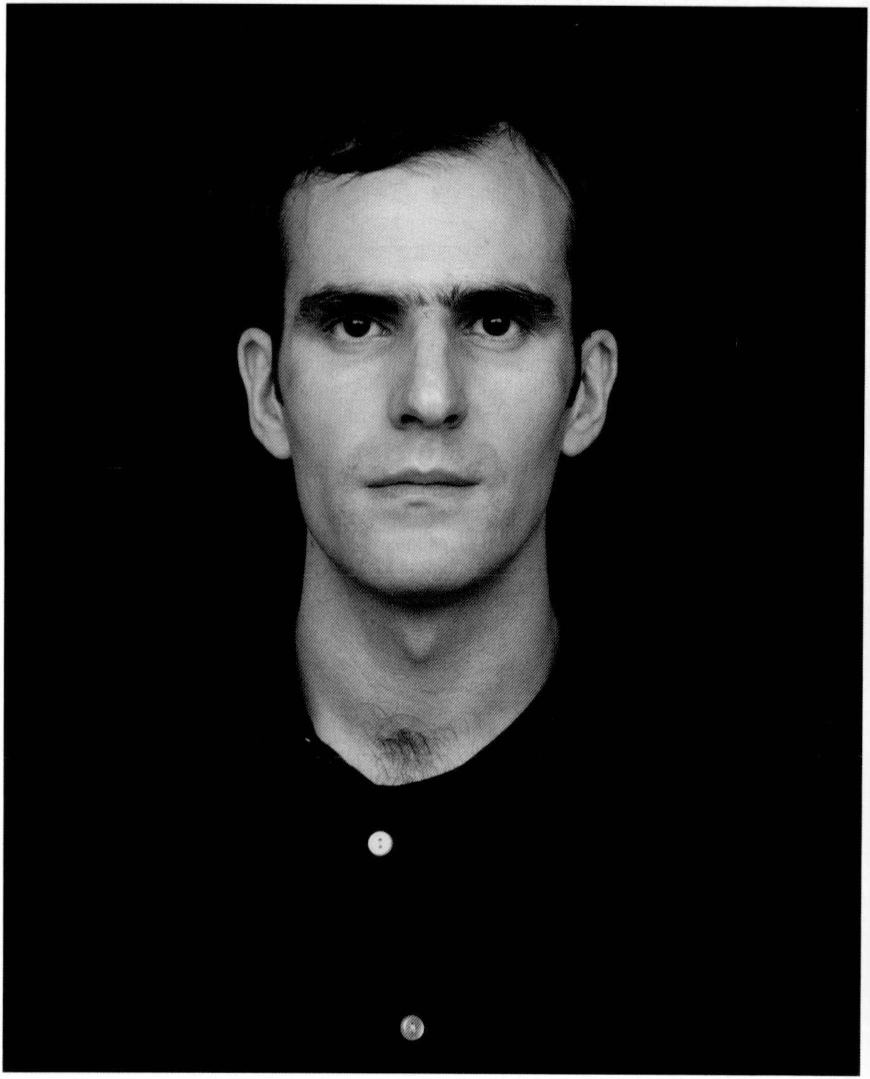

60. Edu. 1996

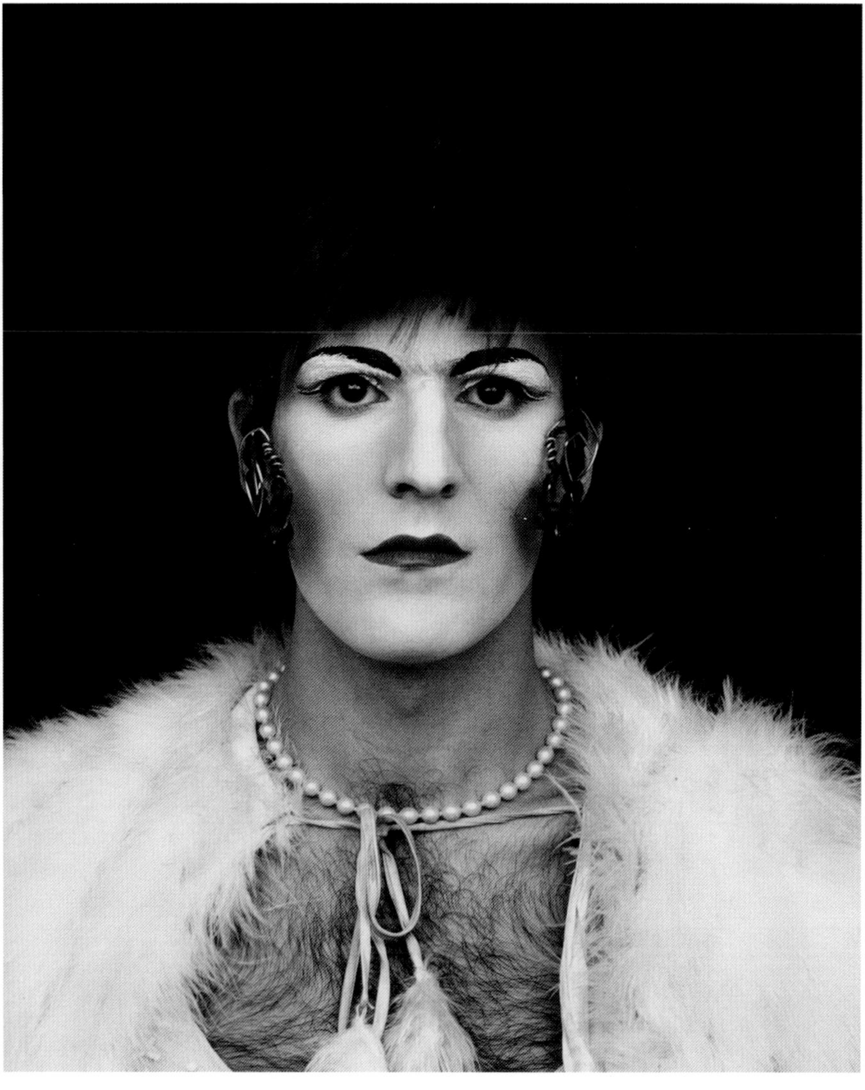

61. Edu. 1996

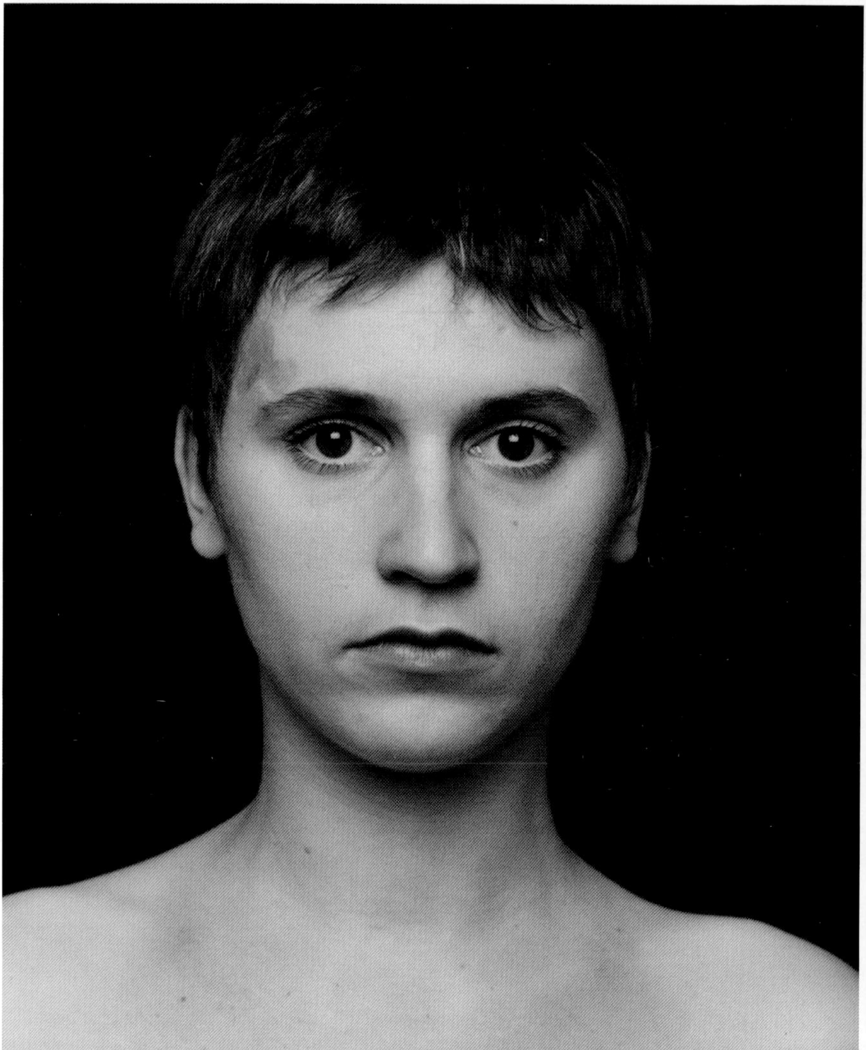

62. Olga. 1996

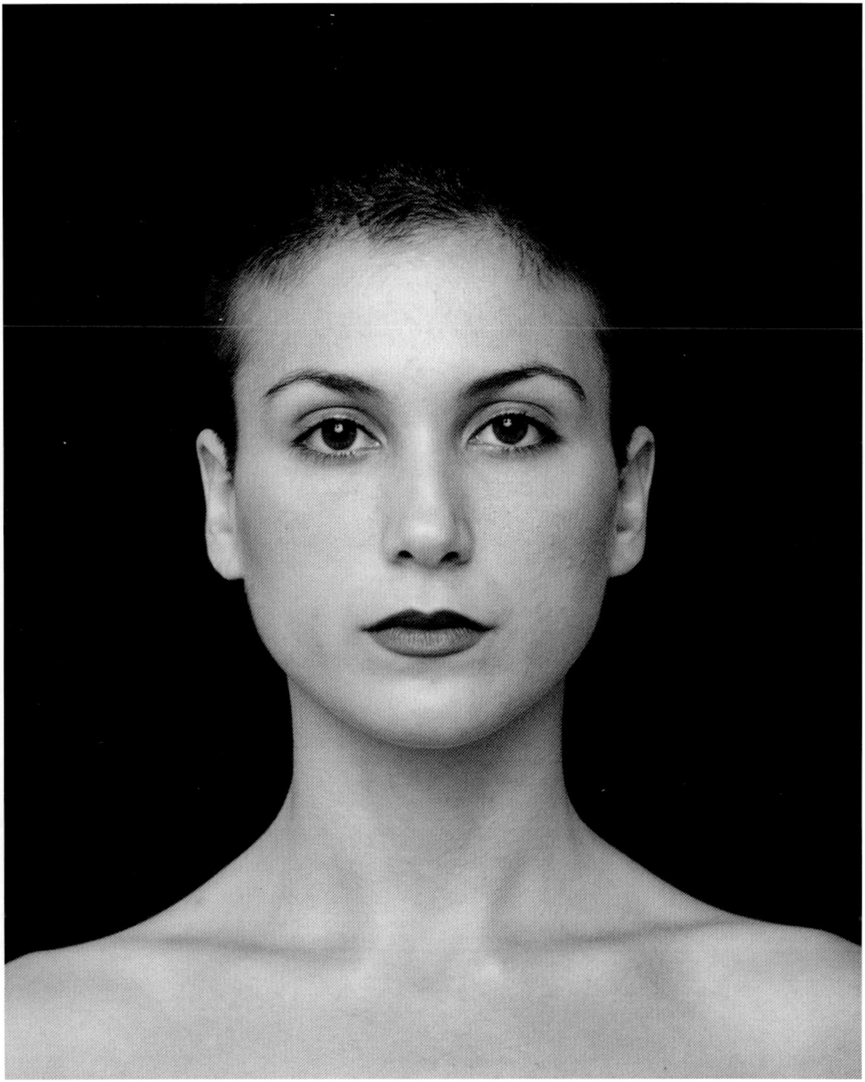

63. Constanza. 1994

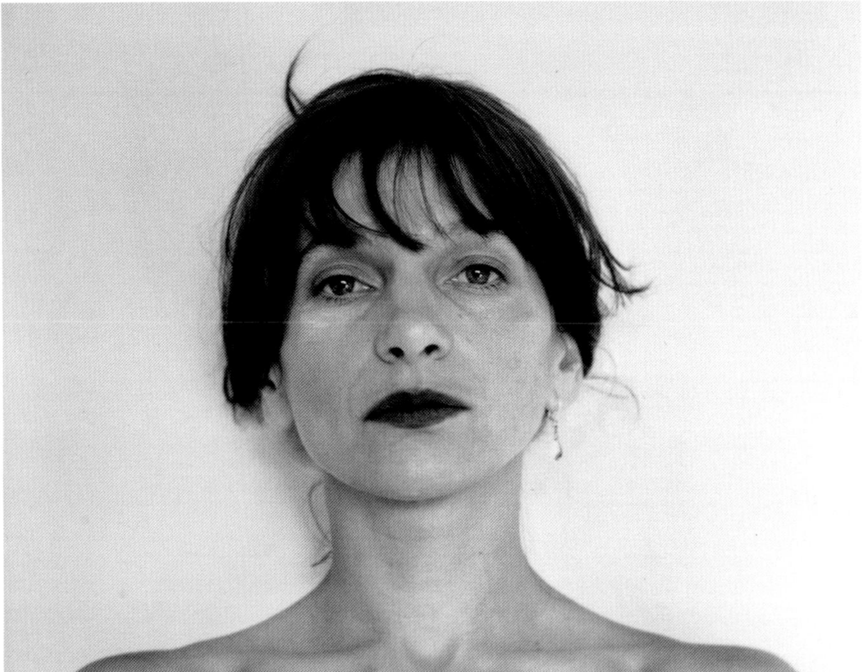

64. La Polaca. 1981

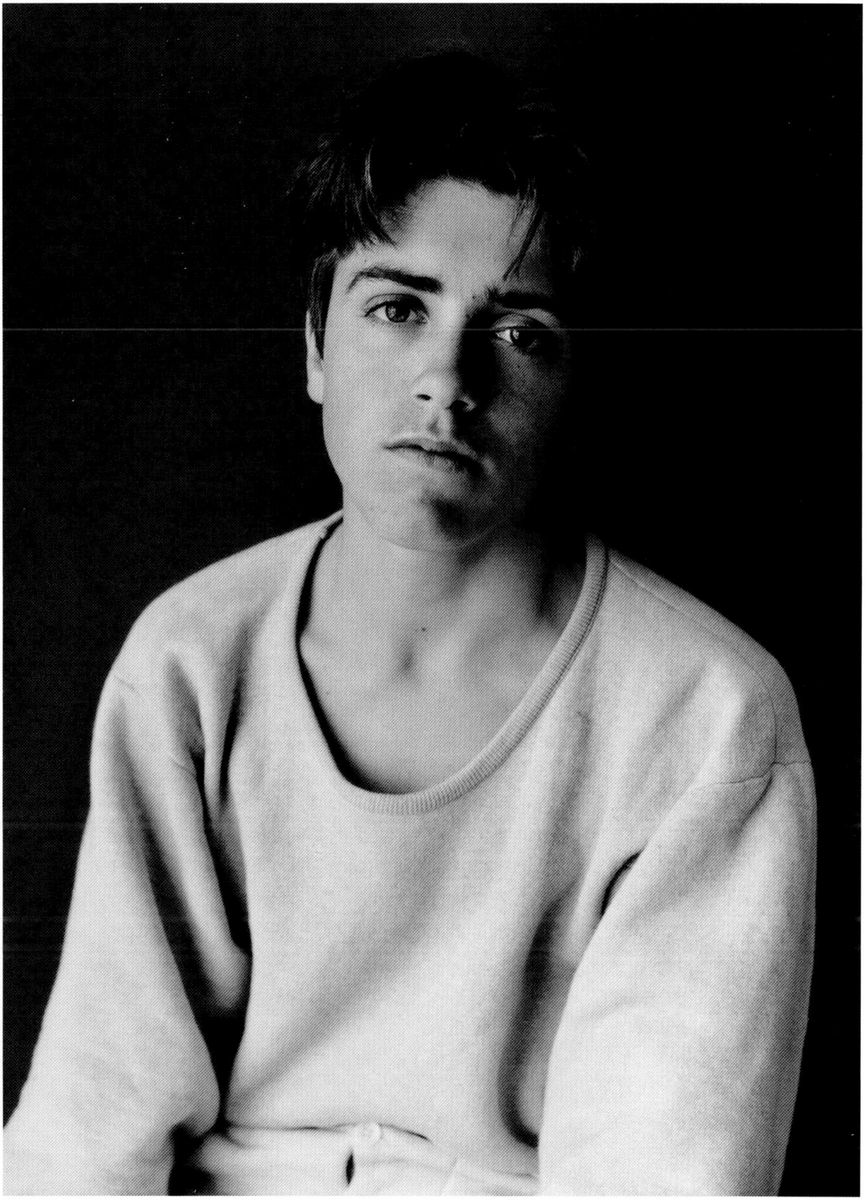

65. Orfeo. 1978

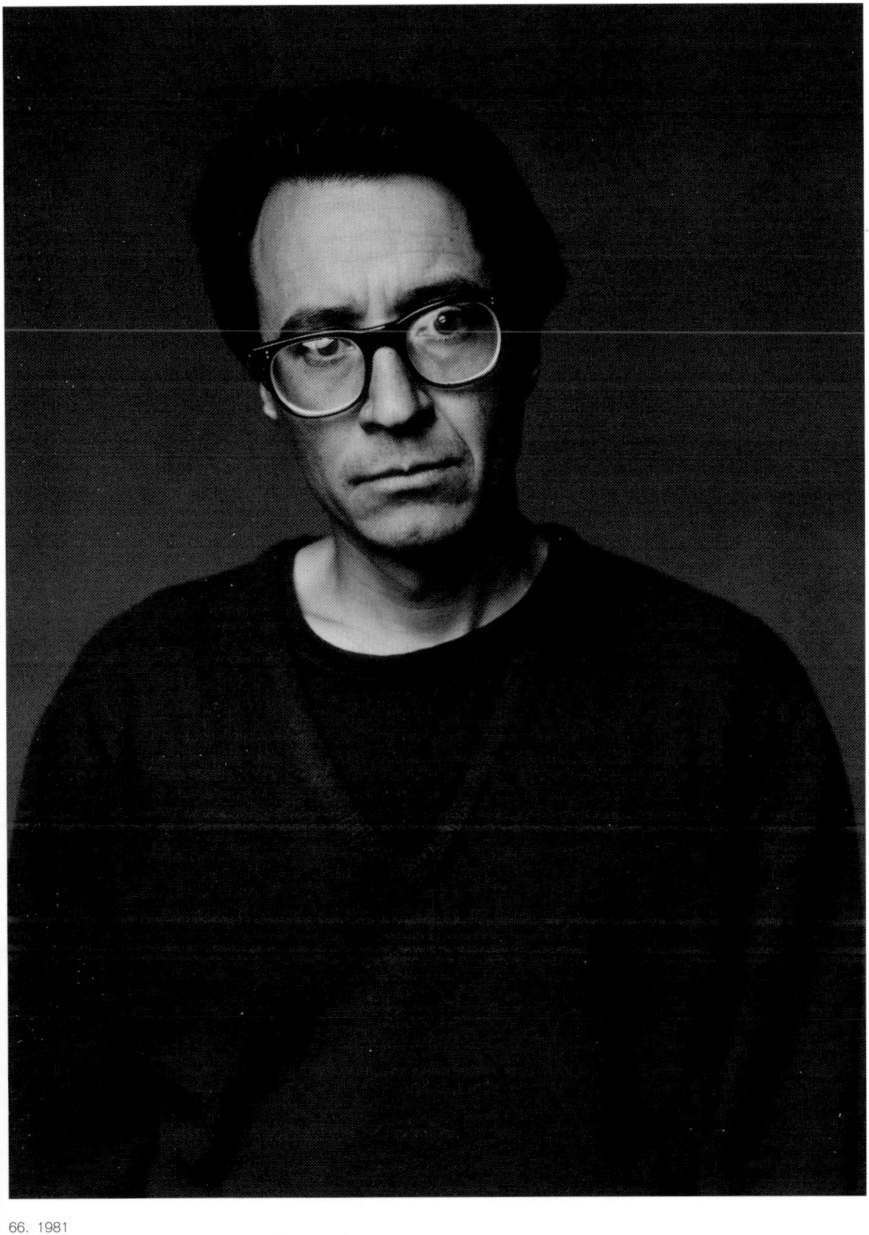

66. 1981

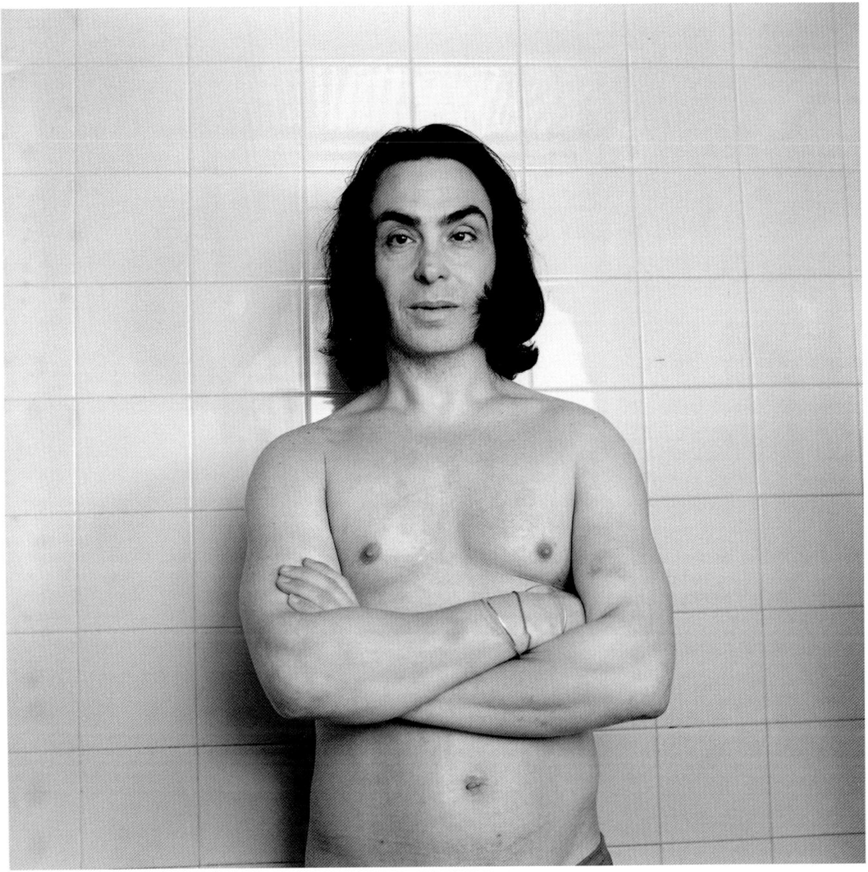

67. Violeta La Burra. 1979

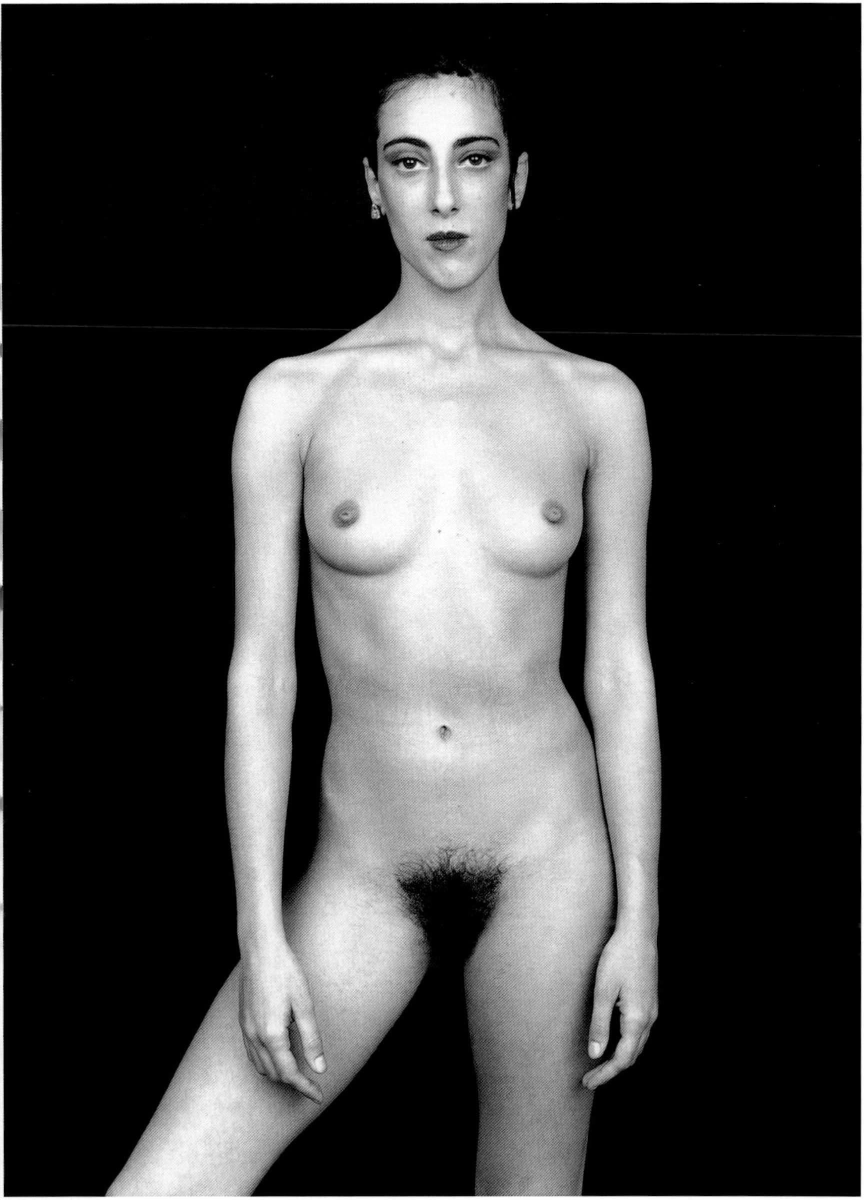

68. Magda. 1986

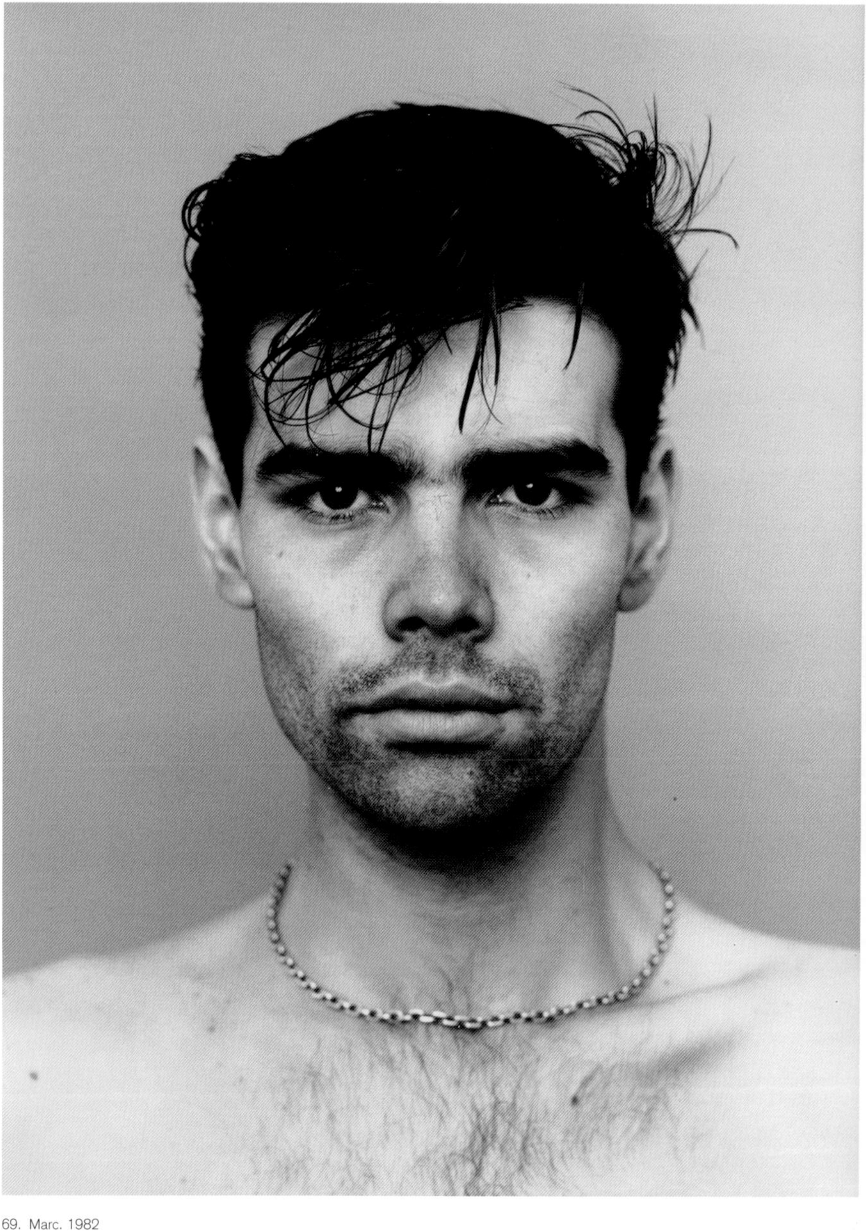

69. Marc. 1982

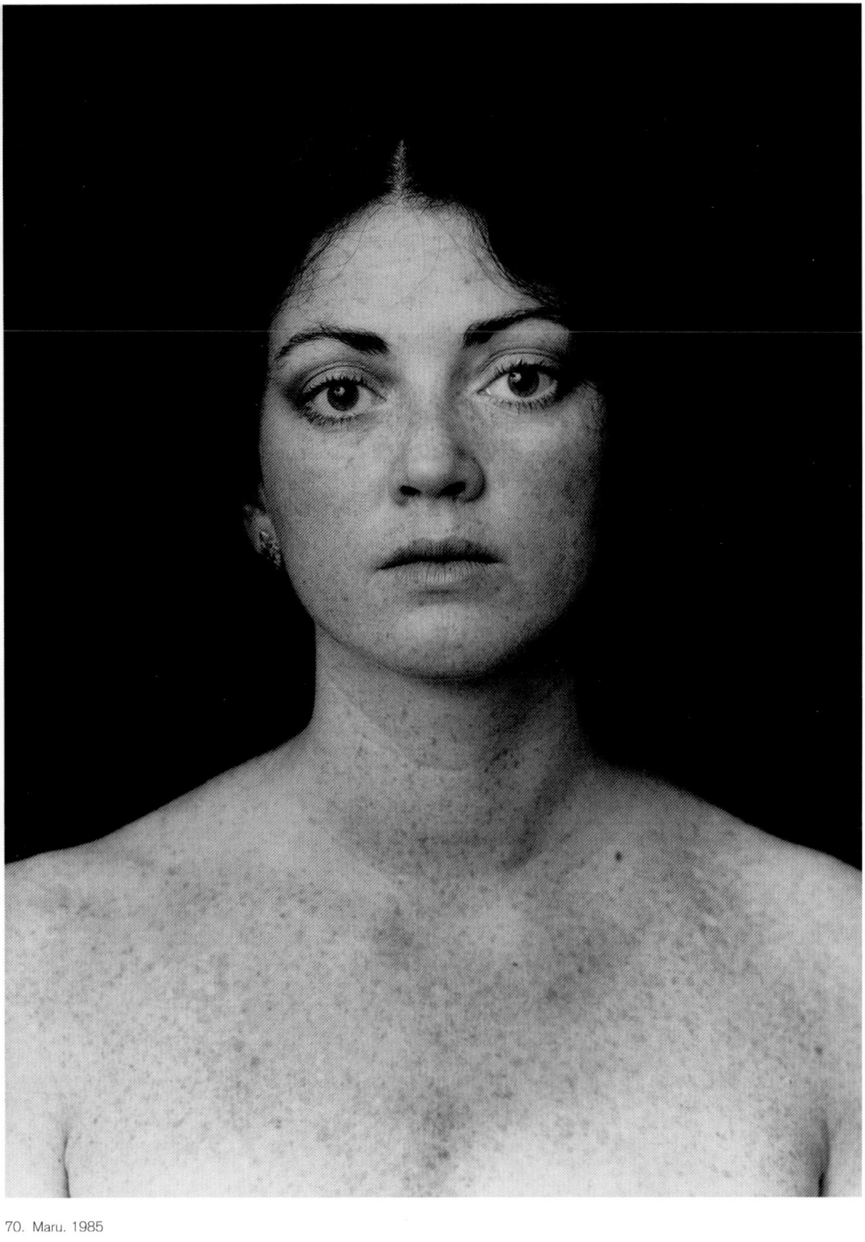

70. Maru. 1985

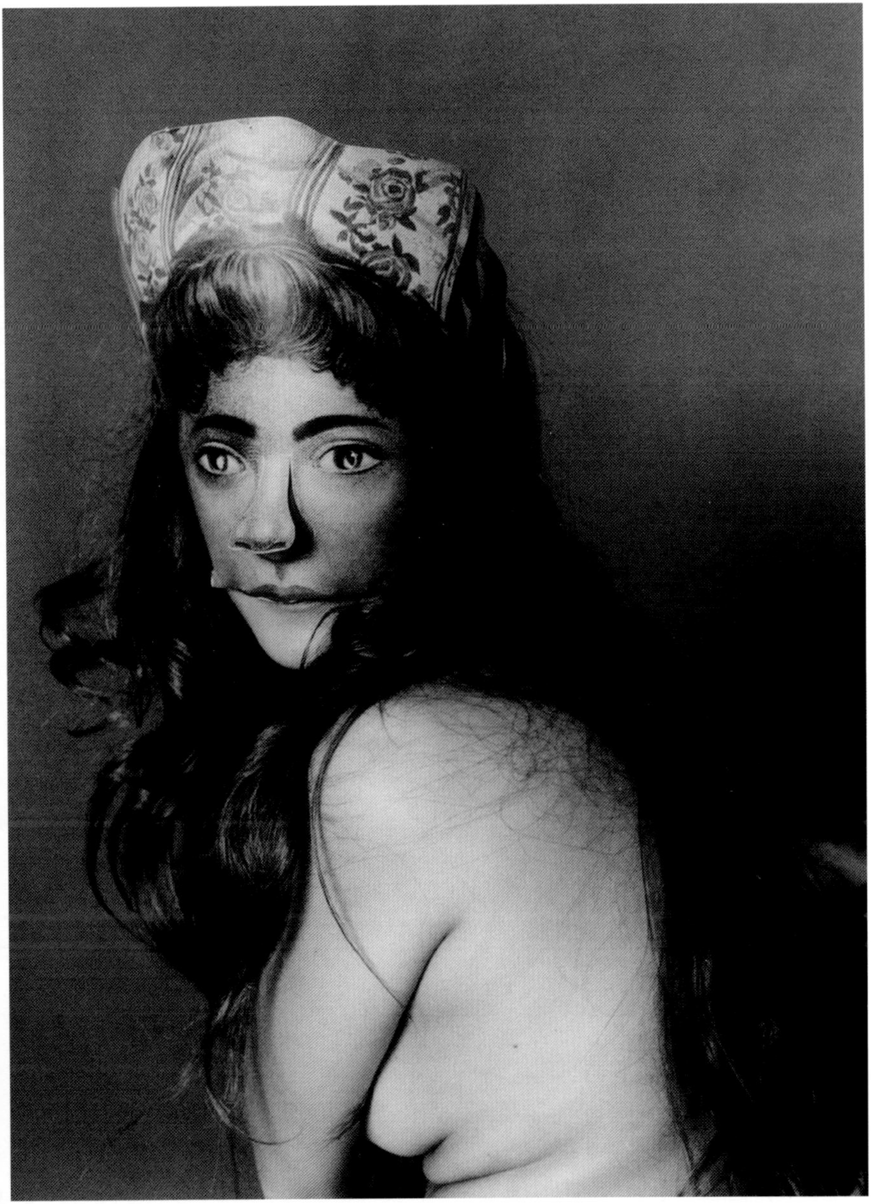

71. 1974

Cronología

1937 Nace en Buenos Aires. Estudia Bellas Artes y se inicia como artista en la pintura.

1968 Se dedica por entero a la fotografía.

1976 Se instala en Barcelona y, sin perder el lazo con Argentina, desarrolla su actividad fotográfica en ambas orillas del Atlántico. Aunque a su llegada a Barcelona sus planteamientos se situaban más próximos a la objetividad, enlazó con el entorno experimental de la revista *Nueva Lente*, y la calidad de sus retratos pronto fue reconocida por colegas con otras líneas de interés. Fue docente en universidades e instituciones de Argentina, Portugal y España.

1996 Recibe el Premio de Artes Plásticas Ciudad de Barcelona.

1997 Obtiene el Premio Nacional de Fotografía, concedido por el Ministerio de Cultura español.

1999 Gana el premio de la Fundación Konex de Buenos Aires.

2009 Recibe la Medalla de Oro al Mérito Artístico de la ciudad de Barcelona.
Fallece en Barcelona.

Exposiciones individuales (selección)

1987 Centro Cultural Recoleta, Buenos Aires.

1996 *Los enigmas de la mirada*. IVAM, Valencia.

1999 CGAC, Santiago de Compostela.

2001 Fundación Federico Klemm, Buenos Aires.

2006 *El fotograf del silenci*. MNAC, Barcelona.

Exposiciones colectivas (selección)

1969 *Art Jeune*. Musée d'Art Moderne de la Ville, París.

1981 *Fotografie Lateinamerika, von 1860 bis Heute*. Kunsthaus, Zúrich.

1988 *Splendeurs et misères du corps*. Musée d'Art Moderne de la Ville, París.

1991 *Cuatro direcciones*. Museo Nacional Centro de Arte Reina Sofía, Madrid.

2008 *De lo humano*. Centro Andaluz de Arte Contemporáneo, Sevilla.

Obras en museos y colecciones

La Maison de la Photographie, París.
Fons d'Art de la Fundació la Caixa, Barcelona.

Centre de Cultura Contemporània de Barcelona.
The Museum of Contemporary Photography, Chicago.
Museo Nacional de Bellas Artes, Buenos Aires.
Fundación Cultural Televisa, México.
Museo de Arte Contemporáneo, Mar del Plata.
Museo de Arte Moderno, Buenos Aires.
Los Angeles County Museum of Art, Los Ángeles.
Bibliothèque Nationale de France, París.
IVAM. Colección Cualladó, Valencia.
IVAM. Colección Ordóñez, Valencia.
IVAM. Centre Julio González, Valencia.
Casa de Cultura, Alcobendas.
Canal de Isabel II, Madrid.
Caja de Burgos, Burgos.
Museu Nacional d'Art de Catalunya, Barcelona.
Artium. Centro-Museo de Arte Contemporáneo, Vitoria.

Marta Gili

Marta Gili es licenciada en Filosofía y Ciencias de la Educación por la Universidad de Barcelona. Ha comisariado numerosas exposiciones, tanto nacionales como internacionales. Dirigió el departamento de Fotografía de la Fundació la Caixa durante doce años. Actualmente es directora del Centro Jeu de Paume de París.

Marta Gili graduated in Philosophy and Education from the Universidad de Barcelona. She has curated a number of exhibitions, both domestically and internationally. She was Head of the Photography Department at the Fundació la Caixa for twelve years. Presently, she is the Director of the Jeu de Paume Center in Paris.

Original nakedness

Marta Gili

> "When the woman saw that the fruit of the tree was good for food and pleasing to the eye, and also desirable for gaining wisdom, she took some and ate it. She also gave some to her husband, who was with her, and he ate it. Then the eyes of both of them were opened, and they realised that they were naked; so they sewed fig leaves together and made coverings for themselves." (Genesis 3, 6-7)

This is perhaps the most beautiful and poetical story ever written on the origin of knowledge. Without entering into religious questions, it has always seemed poignant to me that Adam and Eve are ashamed of their nakedness, for having acted in disobedience to divine prohibition. Like the adolescent the day he discovers that his body is no longer the same as that of the infant his mother gave birth to, and his bewilderment jealously guards it from her eyes, them Adam and Eve inaugurate, in this story, the era of consciousness.

Paul Valery wrote that *"men differ from one another by reason of what they show and resemble one another by reason of what they hide"*. We devote the greater part of our existence to creating a kind of individual mask of our own, with the purpose of concealing this primitive nakedness that make us brothers and reminds us that we are not immortal beings.

With the photography, we have succeeded in intensifying our gaze and in seeing beyond what our limited eye could take in. With this new gadget we can classify, register, and file away the entire world, challenging notions of space and distance. And so, without realising it, we translate to photographic paper our reminiscences and our memories. It is no longer necessary to experience in order to see, nor to observe in order to know. We bow down before this atavistic aesthetic view of the world, and we firmly believe that what photography shows is reality itself. Nothing could be more erroneous. Among other things, because there is no truth as elusive as one based on belief in the existence of a unique reality. There are, at any rate, many images that reveal, to grater or lesser degree, a part of definite reality. Looking at them, one must bear in mind the evidence presented there. Nevertheless, there are other types of images that perturb and disconcert by reason of their ambiguity. They are photographs that catch our eye, that mercilessly seize our attention that neither appeal to memory nor record it; that offer no answer, but rather question. And images of Humberto Rivas pertain to this ultimate category.

For me, all of Humberto Rivas's photographs are "naked". It does not matter if the photograph represents a street, a face, or a landscape. All are in reality one and the same image, sober and penetrating. The only thing that changes in them is the appearance of the subject, but the secret remains, the original being deprived of form and vanity.

Humberto Rivas takes portraits, precisely because the portrait establishes a relation between two individualities in the same state of intimacy. The buildings, streets, and walls that Humberto used to photograph evince his quiet life. Solitude accompanies the photographer just as it does the portraits of María, Lucía, or Violeta La Burra. In them, the animate and the inanimate join together in an archetypal embrace, which we intuit must have existed from the beginning of things. Our frenetic obsession for defining the "essence" or the "nature" of mankind and for setting ourselves up as the paramount beings of the universe broke this amorous spell for all time.

Someone once said that photography could no penetrate the skin's surface and that there in lay the source of its grandeur. And that may be so. It is the photographer who must induce skin or stone to become transparent crystal: at the same time that lets us see what there is behind them, he reveals what there is in front. Perhaps it is on account of this that Humberto Rivas on most occasions spurns the anecdotal, the banal, or the everyday. At any rate, the truth can not always be shown just as it is. One has to suggest it, with a simple gesture that insinuates. This is the strategy by means of which Humberto Rivas reveals to us his poorly guarded secret. With a small gesture, with a subtle presence, Humberto Rivas also presents his own self through his images. He is everything at the same time: a mysterious face, a desolate corner, or a raging sea.

Many times I imagine Humberto taking photographs at dawn. When things have still not put on the faces they presents to the world, and drowsiness makes it easier to penetrate the surface of our skin. Then, at the break of day, I think of Humberto breathing deeply and discovering that he is nothing other than "a dream within a dream"- as E.A. Poe put it-, and that, through so much searching for other people's soul, he had found his own.

When Humberto Rivas arrived in Barcelona in 1976, leaving behind (but never forgetting) his native Buenos Aires, he was already a renowned photographer in his country. With that personal discretion that was characteristic of him, he soon become an undisputed point of reference for Spanish photography as well and is dearly loved by many photographers of younger generations who have found in him a great master and patient adviser.

His coherent promulgation of a determined manner of understanding photography has not weakened, even in a country like Spain where it took a long time for his work to be viewed as artistically legitimate. But his tenacity and constancy yielded their fruits and 1997 proved especially encouraging, for in that same year he received two emblematic awards: the Premio de Artes Plásticas de la Ciudad de Barcelona and the Premio Nacional de Fotografía.

Not to let himself be swept along by the current is, obviously, one of his outstanding virtues. As in Hans Christian Andersen's tale *The Emperor's New Clothes*. It tells the story of a conceited emperor whose only concern was to display his elegance and refinement before his subjects. One day two rogues presented themselves at court and swore that they were able to produce the most beautiful and unusual garments that the world should ever see. A peculiarity of these garments, said the supposed tailors, was that they were invisible to the stupid and the ignorant. On donning his mew apparel, the emperor went forth among his subjects convinced that though they might be incapable of seeing his robes, they would all admired his elegance. No minister of his court dared to admit that he saw neither the colour nor the workmanship of such magnificent vestments for fear of appearing stupid in the eyes of the others. Finally, a boy who was passing by and who knew nothing of duplicity of his elders in the affair shouted out "The emperor has not clothes!".

Only the honest gaze of someone like Humberto Rivas can tell us, like the lad in the Andersen tale, that things are not as they appear to bed and that the numerous strategies we employ as camouflage in life, distance us even more from our own selves and from the rest of the universe. Looking at these pictures one has to strip oneself of consciousness for a moment and try to get as close as one can to the foundation of life, the original nakedness. And though it is only for an instant or two, to act from the heart. For, again, as Pessoa says, "the heart, if it were able to think, would cease to beat".

Barcelona, 1998

PHoto**Bolsillo**

Director de la colección / Series Editor
Chema Conesa

Diseño original / Original Design
Fernando Gutiérrez

Coordinación / Coordination
Doménico Chiappe

Producción / Production
Naiara Garro

Traducción / Translation
Herrán Coombs

Fotomecánica / Photomecanics
Cromotex

Impresión / Printer
Brizzolis

ISBN
978-84-95183-11-8

Depósito legal
M-33435-2010

LA FABRICA EDITORIAL

Editor / Publisher
Alberto Anaut

Directora editorial / Editorial Director
Camino Brasa

Director de Desarrollo / Development Director
Fernando Paz

Producción / Production
Paloma Castellanos

Organización / Organiser
Rosa Ureta

La Fábrica Editorial
Verónica, 13
28014 Madrid
Tel.: 34 91 360 13 20
Fax: 34 91 360 13 22
e-mail: edicion@lafabrica.com
www.lafabricaeditorial.com

Una coedición entre / A Coedition Between

LA FABRICA

cromotex ARTES GRÁFICAS DIGITALES

BRIZZOLIS arte en gráficas

Biblioteca PHotoBolsillo

Títulos publicados / Already Published

01. Xavier Miserachs
02. Nicolás Muller
03. Humberto Rivas
04. Ricky Dávila
05. Koldo Chamorro
06. Francesc Català-Roca
07. Carlos Pérez Siquier
08. Luis Pérez-Mínguez
09. Gabriel Cualladó
10. Javier Vallhonrat
11. Miguel Trillo
12. Pilar Pequeño
13. César Lucas
14. Fernando Gordillo
15. Agustí Centelles
16. Baylón
17. Isabel Muñoz
18. José María Díaz-Maroto
19. Cristóbal Hara
20. Antonio Tabernero
21. Alberto García-Alix
22. Pablo Genovés
23. Clemente Bernad
24. Carlos Serrano
25. Ramón Masats
26. Óscar Molina
27. Cristina García Rodero
28. Pablo Pérez-Mínguez
29. Joan Fontcuberta
30. Navia
31. Ricard Terré
32. Fernando Herráez
33. Oriol Maspons
34. José Ignacio Lobo Altuna
35. Xurxo Lobato
36. Genín Andrada
37. Valentín Vallhonrat
38. Vari Caramés
39. Juan Manuel Díaz Burgos
40. Ferran Freixa
41. José Antonio Carrera
42. Manuel Vilariño
43. Kim Manresa
44. Rafael Navarro
45. Toni Catany
46. Luis Escobar
47. Marta Sentís
48. Chema Madoz
49. Ciuco Gutiérrez
50. Alberto Schommer
51. Ouka Leele
52. Manel Esclusa
53. Laura Torrado
54. Ángel Marcos
55. Ortiz Echagüe
56. Francisco Ontañón
57. Carlos Saura
58. Alfonso
59. Juan Manuel Castro Prieto
60. Pep Bonet
61. Juantxu Rodríguez
62. Paco Gómez
63. Virxilio Vieitez
64. Gonzalo Juanes
65. Rosa Muñoz
66. Leopoldo Pomés
67. José Ramón Bas
68. David Jiménez
69. Leonardo Cantero
70. Jordi Socías
71. Colita
72. Alfredo Cáliz
73. Gervasio Sánchez

Próximo volumen / To Be Published

74. Txema Salvans

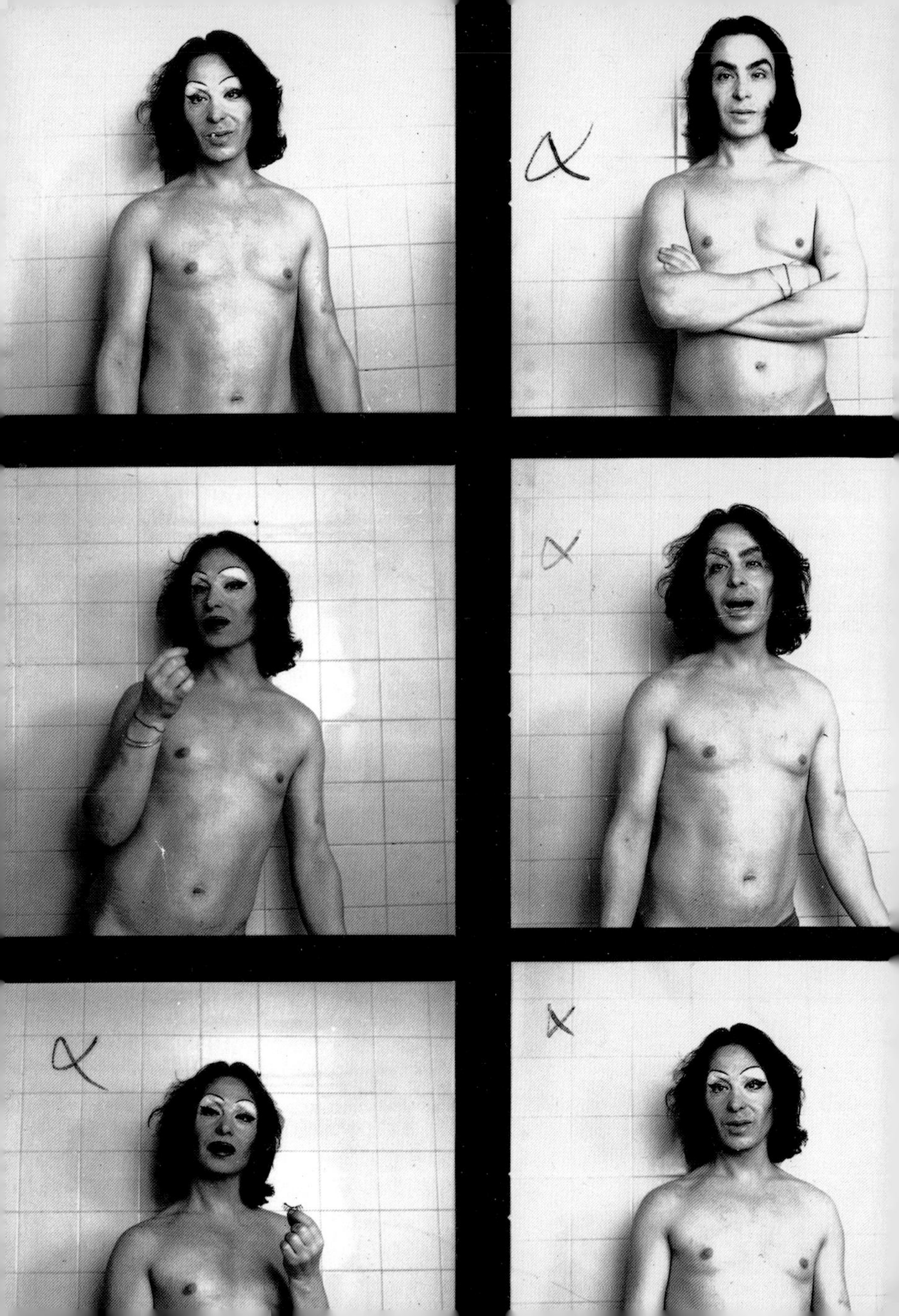